Corinna Anton

Ein Jahr in Prag

Corinna Anton

Ein Jahr in PRAG

Auswandern auf Zeit

HERDER

FREIBURG · BASEL · WIEN

Originalausgabe

© Verlag Herder GmbH, Freiburg im Breisgau 2016
Alle Rechte vorbehalten
www.herder.de

Satz: Dtp-Satzservice Peter Huber, Freiburg
Herstellung: CPI books GmbH, Leck

Printed in Germany

ISBN 978-3-451-06862-1

Für Anna A. und Frieda M.

Inhalt

Auf dem Weg

Wir passen überhaupt nicht zusammen, diese Stadt und ich. Ich rauche nicht, mag kein Bier und esse kein Fleisch. In Prag habe ich schon Glück, wenn im Restaurant während der Mittagszeit nicht gequalmt wird, und der Präsident des Landes ist bestimmt nicht der einzige Tscheche, der Vegetariern und Abstinenzlern öffentlich den Tod wünscht. Außerdem mag ich Katzen und Berge; in Prag gibt es vor allem Hügel und Hunde. Und ich fühle mich wohl, wenn es sauber ist. Wenn keine Essensreste am Besteck kleben oder in einer Küche gelegentlich mal durchgewischt wird. In Prag kann man nicht immer und überall vom Boden essen.

Trotzdem sitze ich jetzt im IC-Bus der Deutschen Bahn, auf dem Weg nach Osten. Denn es gibt etwas in dieser Stadt, das mich immer wieder in ihren Bann zieht. Seit ich das erste Mal zwei Tage hier verbracht habe – vor mehr als zehn Jahren war das, während einer Konzertreise mit einem Jugendorchester – löst allein ihr Name ein schwer zu bändigendes Gefühl der Sehnsucht in mir aus. An den Aufenthalt damals kann ich mich kaum erinnern, nur an ein kleines Bild, das ich auf der Karlsbrücke für ein paar Kronen gekauft habe: Die Moldau mit ihren Brücken war darauf zu sehen, in orange-gelbes Abendlicht getaucht. Und an ein paar Stunden, die wir unter den blühenden Bäumen des Laurenzibergs (tschechisch Petřín) verbrachten.

Das unbeschwerte In-der-Sonne-Liegen-und-den-Klängen-der-Stadt-Lauschen und ein magisches Glitzern, gepaart mit der mächtigen Kraft des Flusses: Das war, was ich mit Prag verband und was mich, nachdem ich so etwas Ähnliches wie erwachsen geworden war, jedes Mal unheilbar melancholisch werden ließ, wenn ich an die Stadt dachte.

Dreimal hatte es mich seitdem schon zurückgezogen. Dreimal war ich für ein paar Wochen in Prag, um ein Praktikum zu machen. Und dreimal stand ich am Ende meines Aufenthalts im imposanten historischen Hauptbahnhof, vor dem der Bus nach Nürnberg und München abfährt. Jedes Mal habe ich die lateinische Inschrift „PRAGA – mater urbium" angestarrt, die Prag zur „Mutter aller Städte" macht. Ich habe die Menschen beobachtet, die unter meinen Füßen zu ihren Zügen eilten und habe über die in Stein gemeißelte Jahreszahl 1918 nachgedacht (das Jahr, in dem meine Oma ihren ersten Geburtstag feierte und in dem die Tschechen zusammen mit den Slowaken ihre erste eigene Republik gründeten). Und jedes Mal habe ich geheult, weil mir der Abschied so schwer fiel.

Diesmal ist es anders. Diesmal habe ich mir vorgenommen, ein Jahr in Prag zu leben, mir unendlich viel Zeit für die Stadt zu nehmen, die Tschechen und ihre Sprache so richtig kennenzulernen. Ich habe mein Studium gerade beendet und eine Stelle bei der deutschsprachigen „Prager Zeitung" bekommen. Aber ausgerechnet diesmal habe ich gar keine rechte Lust, so lange zu bleiben. Denn vor der Abreise habe ich mich zu Hause noch schnell in einen Typen verliebt, der nun ebenso sehnsüchtig auf meine Rückkehr wartet wie ich jeden Abend auf seinen Anruf. Ich hätte die Stelle auch ablehnen können. Aber nach nur ein paar Wochen Beziehung hielt ich es für keine gute Idee, seinetwegen auf Prag zu verzichten. Und außerdem war ich trotzig, weil ich in Deutschland nur Absagen auf meine Bewerbungen bekommen hatte. Ich durfte zwar für mickrige Zeilenhonorare als freie Journalistin arbeiten, eine ordentlich bezahlte Stelle wollte mir aber trotz besten Praktikumszeugnissen und super Masterabschluss niemand geben. Wenn Deutschland mich nicht haben will, dann will ich es jetzt auch nicht mehr, beschloss ich – vielleicht etwas überstürzt – nach einem besonders schmerzhaften „Vielen Dank für Ihre Bewerbung. Wir bedauern, Ihnen mitteilen zu müssen …".

Jetzt, nicht einmal zwei Monate später, starre ich durchs Busfenster auf Wiesen und Wälder. Die Grenze haben wir bereits passiert, ohne dass ich es bemerkt habe. Nur mein Handy heißt mich per SMS lautlos „Willkommen in Tschechien".

Oktober

Strč prst skrz krk!

In meiner ersten Prager Nacht hatte ich nur zwei Gedanken: Wo kann ich am besten gleich morgen eine Matratze kaufen, und wie transportiere ich sie mit *tramvaj* und *metro* (so die Prager Bezeichnungen für Straßen- und U-Bahn) nach Hause? Von der möblierten Einzimmerwohnung in der Nähe des Karlsplatzes (Karlovo náměstí) war ich sofort begeistert. Mein Vermieter war ein leidenschaftlicher Hobbyhandwerker und hatte sie nicht mit deutscher Gründlichkeit, dafür aber mit umso mehr Liebe zum Detail in einen gemütlichen Rückzugsort verwandelt. Tisch und Kommode hatten Holzwurmspuren und kamen offenbar vom Flohmarkt oder einer Wohnungsauflösung. Ansonsten hatten sie nichts gemeinsam. An der Wand hing eine Toskana-Landschaft neben schneebedeckten Prager Dächern. Weder der Stil der Gemälde noch ihre Rahmen passten zusammen. Das Bett stand zwischen zwei Schränken – der eine antik verschnörkelt, der andere quadratisch, praktisch, kommunistisch. Sie waren so angeordnet, dass sie ein Mini-Schlafzimmer bildeten. Ich betrat es durch eine improvisierte Schwingtür aus zwei farblich verschiedenen Holzbrettern. Das Zimmer war ein Graus für jeden Perfektionisten und eine Höhle, in die ich unbedingt einziehen wollte. Einziger Schwachpunkt war – und das merkte ich erst jetzt – die durchgelegene Matratze. Ich spürte die ganze Nacht über jede einzelne Strebe des Lattenrostes. Mein Rücken schmerzte, und ich überlegte, ob ich den Kauf einer Matratze problemlos auf Tschechisch bewältigen könnte. Mit meinem *chytrý telefon* (die Tschechen übersetzen Smartphone und ähnliche Begriffe oft wörtlich) googelte ich Matratzengeschäfte in der Nähe.

Die Verbesserung meiner Schlafsituation rutschte im Laufe der nächsten Tage immer weiter nach unten auf der Prioritätenliste. Zuerst wollte ich mich anmelden, damit alles seine Ordnung hat. Als EU-Bürgerin brauche ich zwar weder eine Arbeitserlaubnis noch eine Aufenthaltsgenehmigung, aber die Behörden hier wollen trotzdem informiert werden, wenn man sich mehr als drei Monate in ihrem Land aufhält. Welches Amt in meinem Fall das richtige war, blieb mir auch nach gründlicher Recherche ein Rätsel: Die Angaben, die ich im Internet fand, waren widersprüchlich und deckten sich nicht mit den Erfahrungsberichten meiner Kollegen. Offenbar war je nach Stadtbezirk eine andere Dienststelle zuständig, was aber nicht hieß, dass die auch nur annähernd in der Nähe dieses Bezirks lag. „Wir leben halt in einem Land ohne Regeln", sagte unser Fotograf Ondřej, den ich in meiner Verzweiflung um Rat fragte. Obwohl Ondřej schon seit Jahren für die „Prager Zeitung" arbeitet, spricht er kein Wort Deutsch. Den Versuch, schwierige tschechische Sätze zu formulieren, belohnt er dafür meist mit einem anerkennenden Nicken. Wenn er gute Laune hat. Außerdem distanziert sich Ondřej gerne von seinen Mitbürgern. Wenn er sagt, Tschechien sei ein Land ohne Regeln, dann meint er damit nämlich keinesfalls sich selbst. Er erledigt keinen Auftrag, der nicht fein säuberlich auf seiner penibel geführten und jeden Mittwoch neu ausgedruckten Excel-Liste geschrieben steht. Ich wette, er hätte beim Anblick meiner Schlafzimmerkonstruktion die Hände über dem Kopf zusammengeschlagen. Und schon nach ein paar Tagen in der Redaktion traute ich mich, meine Uhr auf 11.58 zu stellen, wenn er sich auf den Weg zum Mittagessen machte.

Bei meinem Behördenproblem konnte er mir aber nicht helfen, also versuchte ich mein Glück einfach bei der Ausländerpolizei, nicht weit entfernt von der Redaktion. Offenbar hatte ich einen guten Tag erwischt. Schon eine knappe Stunde nachdem ich eine Nummer gezogen hatte, durfte ich das Zimmer betreten, in dem ein Beamter in Uniform hinter dem Schreibtisch saß. Er begrüßte mich nicht gerade überfreundlich, aber als er merkte, dass ich ganz passabel Tschechisch sprach, wurde seine Laune spürbar besser. Konzentriert tippte er meinen Namen – ein doppeltes N kommt im Tschechischen so gut wie nie vor – in seinen Computer. Dann setzte er ein überlegenes Lächeln auf. „Aha, im Juli 2011 waren Sie also schon einmal in der Tschechischen Republik – in Jihlava", stellte er fest. Ich weiß nicht, ob er meinen erschrockenen Gesichtsausdruck bemerkte. Ein paar Sekunden überlegte ich, was ich damals verbrochen haben könnte. Für einen Artikel über einen tschechischen Regisseur, der mit seinen Dokumentarfilmen über das Ende des Zweiten Weltkriegs und die Vertreibung der Deutschen tschechische Tabus gebrochen hatte, verbrachte ich damals zwei Tage in Jihlava. Die heute etwa 50 000 Einwohner zählende Stadt zwischen Prag und Brünn war als Iglau einst Teil einer deutschen Sprachinsel. Mir ist von dem Ausflug aber vor allem das McDonald's im Zentrum in Erinnerung geblieben, in dem ich nach einer langen Nachtbusfahrt ein Eis gefrühstückt hatte. Ein tschechischer Kollege hatte mich dazu eingeladen. Hatte ich vielleicht mein Zimmer im Hotel nicht bezahlt? Bei Rot eine Fußgängerampel überquert? Da der Polizist nichts weiter sagte, fragte ich nicht nach und nickte nur. „Da sehen Sie mal, was wir alles wissen", grinste er jetzt. Aus Ratlosigkeit lächelte ich zurück. Wenn der Aufenthalt in Jihlava der einzige war, der in seinem Computer vermerkt war, wusste er ziemlich wenig, dachte ich. Dass ich auch schon in Olomouc und Liberec, im Böhmerwald und im Riesengebirge war und nun nicht zum ersten Mal in Prag, behielt ich aber lieber für mich und bastelte mir meine eigene Erklärung: Entweder die Hotelbetreiber in Jihlava waren die einzigen, die mich als ausländischen Übernachtungsgast ordnungsgemäß bei der Fremdenpolizei angemeldet hatten. Oder der Polizist hatte zufällig Jihlava herausgegriffen, weil er selbst von dort kam und sich freute, dass ich seine Heimatstadt kannte. Das klang plausibel, aber seine Herkunft war nicht Thema unseres Gesprächs.

„Grund des Aufenthalts?", las er jetzt von seinem Computerbildschirm ab. Solche Fragen können zum falschen Zeitpunkt leicht eine mittelschwere Sinnkrise auslösen. Spätestens heute Abend, wenn ich noch einmal auf dem Hauch von einer Matratze liege und meinen Freund mit WhatsApp-Nachrichten bombardiere, werde ich mich wieder fragen, was ich hier eigentlich mache. Abgesehen davon, dass die Stadt mich magisch anzog, gab es schon noch andere Gründe für meine Flucht nach Osten, mehrere sogar. Einen behielt ich aber vorsichtshalber meistens erstmal für mich, ein anderer sollte mir erst im Laufe der zwölf Monate dämmern, und ein dritter war hoffnungslos idealistisch: Als Journalistin wollte ich meinen Beitrag zur Verbesserung der Welt oder zumindest der deutsch-tschechischen Beziehungen leisten, wollte schonungslos mit Vorurteilen aufräumen und den Menschen westlich der Grenze das Nachbarland im Osten mit meinen Geschichten näherbringen. Dass das mehr als 25 Jahre nach dem Fall des Eisernen Vorhangs noch immer dringend nötig war, hatte ich vor meiner Abreise immer wieder erlebt. „Was willst du denn in der Tschechei?" war noch eine der harmloseren Fragen, bei der ich nicht müde wurde, mein Gegenüber – egal, ob Hochschulprofessor oder Pfarrgemeinderatsvorsitzende – höflich darauf aufmerksam zu machen, dass diese Bezeichnung heute nicht mehr gerne gehört werde. Die Nationalsozialisten verwendeten sie, als sie sich im März 1939 das einverleibten, was sie „Rest-Tschechei" nannten. Fast ebenso verbreitet waren Aussagen wie: „Oh, Prag soll schön sein, wir kommen dich besuchen. Aber mit unserem neuen Auto trauen wir uns nicht zu den Tschechen fahren, wir nehmen lieber den Bus." Einfühlsame und wachrüttelnde Artikel waren gefragt, um den Lesern zu zeigen, dass auch in Prag Menschen leben wie du und ich. Menschen mit kleinen Macken und großen Wünschen, mit verrückten Träumen und berührenden Schicksalen.

„Studium?" Der Polizist riss mich aus meinen Gedanken. So genau wollte er es also gar nicht wissen, ich musste die Antwort auf ein Wort reduzieren. „Nein, Arbeit", sagte ich, und damit war die Sache erledigt, die Sinnkrise vorübergehend abgewendet. Der Mann, der vermutlich aus Jihlava kam, füllte das Formular aus und überreichte mir einen kleinen Zettel aus dünnem Papier, der alles und nichts hätte sein können und sich schon bald in den Tiefen meines Geldbeutels zwischen Zehn-Euro- und Tausend-

Kronen-Scheinen in Luft auflösen würde. Mit dem Zettel sollte ich innerhalb der nächsten drei Monate auf ein anderes Amt, das mir dann eine Bescheinigung über meinen vorübergehenden Aufenthalt ausstellen würde. Ich beschloss jedoch, erst einmal ein paar Wochen verstreichen zu lassen.

Es ist ohnehin nicht gesagt, dass ich es überhaupt so lange hier aushalten werde, denke ich ein paar Tage später auf dem Weg zur Straßenbahn. Aber ich will Prag eine Chance geben, deshalb beschließe ich, einen Umweg zu machen und den vielleicht letzten milden Oktoberabend für einen Spaziergang durch Žižkov zu nutzen. Das Viertel liegt östlich des Zentrums – weit genug, um von großen Touristenscharen verschont zu bleiben und nah genug, um mit *tramvaj* oder *metro* in zehn bis zwanzig Minuten den Hauptbahnhof, Wenzelsplatz oder Altstädter Ring zu erreichen. Manche Reiseführer bezeichnen Žižkov als Künstler- und Kneipen-, ehemaliges Arbeiter- oder Szeneviertel. Ich kann damit nicht viel anfangen. Für mich ist es bisher einfach die Gegend, in der sich die Redaktion befindet; die lange, unspektakuläre Jeseniova-Straße mit ihren Wohn- und Bürogebäuden auf der einen und dem grünen Parukářka-Hügel auf der anderen Seite.

So unauffällig wie möglich folge ich einem Hundebesitzer, der seinen katzengroßen Vierbeiner Gassi führt, über den geteerten Fußweg auf den Parukářka-Hügel hinauf. Zwischen jungen Müttern mit Kinderwagen und älteren Männern mit Zwei-Liter-Plastik-Bierflaschen in der Hand bleibe ich oben stehen, ein wenig außer Atem. Als ich mich umdrehe und in Richtung Stadtzentrum blicke, ist es plötzlich wieder da, das Gefühl meines allerersten

Prag-Aufenthalts. Zu meinen Füßen liegt Žižkov im herbst-
lichen Abendlicht klein und bunt wie eine Spielzeugstadt.
Darüber ragt der kolossale Fernsehturm in den roten Himmel. Er wurde in den Achtziger- und Neunzigerjahren ge-
baut und wird von manchen Pragern heute als „hässlich-
stes Gebäude Mitteleuropas" bezeichnet. Ich finde seinen
Anblick trotzdem schön. Die Stadt ist von hier oben so
unendlich, so weit, so golden. Lange kann ich mich nicht
trennen von dieser Aussicht. Ich muss einfach dastehen
und auf die ineinander geschachtelten Häuser im Herbst-
licht schauen. Dabei taste ich mit der linken Hand nach
dem schlichten silbernen Ehering meiner Oma, den ich
am rechten Ringfinger trage, seit sie ihn mir vererbt hat.
Was sie wohl zu meinem Prag-Abenteuer sagen würde?

Erst als der Himmel dunkler und der Wind kühler
wird, steige ich wieder hinunter, um Richtung Zentrum zu
laufen. Ich gehe vorbei an den neuen und sanierten Miets-
häusern in Sonnengelb und Lindgrün, mit Topfpflanzen
auf den Dachterrassen. Und an den alten Plattenbauten in
Betongrau, unverputzt. Sie haben auch mehr als 25 Jahre
nach der Samtenen Revolution keinen freundlichen An-
strich erhalten. Man sieht genau, wo die einzelnen Bauteile
zusammengesetzt sind. Ich überlege, ob das Absicht ist.
Sozialistische Ästhetik? Oder fehlt das Geld für Putz und
Farbe? Ihre Balkone haben manche Bewohner hübsch de-
koriert. Andere lagern dort Gerümpel oder haben Wäsche
aufgehängt. In den Dachrinnen und auf den Stufen zur
Haustür wächst Unkraut. Die Fenster im Erdgeschoss sind
vergittert. Eines ist meistens offen – dort verkauft ein Mann
frischgebackenen Strudel mit Mohn-, Quark- oder Apfel-
füllung. Ein paar Schritte weiter riecht es auf der Straße

abwechselnd nach Urin oder Hundekot und Abwasser. Die Mülltonnen quellen über. Eine Frau sucht darin nach etwas Essbarem. Als sie sieht, dass ich auf sie zukomme, fragt sie mich zahnlos nach einer Zigarette. Ich schüttle den Kopf, später ärgert es mich, dass ich ihr nicht wenigstens ein paar Kronen gegeben habe. Am nächsten Tag wird sie mich wieder nach einer Zigarette fragen, und ich werde wieder den Kopf schütteln und später ein schlechtes Gewissen haben, und in der Woche darauf wieder und wieder. Warum merkt sie sich nicht, dass ich Nichtraucherin bin, warum fragt sie mich nicht nach ein paar Kronen?

Nach unserer ersten Begegnung denke ich wieder an die Frage nach dem Grund meines Aufenthalts. *Zemský ráj to na pohled*, heißt es in der tschechischen Nationalhymne, als „irdisches Paradies fürs Auge" bezeichnen diese Worte das Land. Gerade auf dem Hügel habe ich noch geglaubt, diesem Paradies ganz nah zu sein. Aber hier unten? Mir fällt das schaurig-schöne Bild ein, das ich mir damals auf der Karlsbrücke gekauft habe. Bei einem der vielen Umzüge in den vergangenen Jahren muss ich es irgendwo verloren haben.

Jetzt gehe ich weiter bis zur Haltestelle Lipanská, den steilen Berg hoch am Rathaus von Žižkov vorbei. Ich bin außer Atem und steige in die Straßenbahn mit der Nummer 9. Die klangvollen automatischen Ansagen in der Tram habe ich schon im Ohr und freue mich jedes Mal, wenn sie – ein bisschen wie eine kleine Melodie – aus dem Lautsprechern klingen: *Příští zastávka* heißt „nächster Halt" und zählt zu den Ausdrücken, die Ausländern nur schwer über die Lippen gehen. Fast so wie der berühmte Satz *Strč prst skrz krk*, der so viel bedeutet wie „Stecke den Finger durch den Hals". Das ergibt zwar wenig Sinn, kommt aber in vielen Sprachkursen vor, um zu zeigen: Man braucht im Tschechischen nicht unbedingt Vokale, um Sätze zu bilden.

Will man den Nonsenssatz und alle anderen tschechischen Wörter richtig aufsagen, muss man sich einige wenige Grundregeln merken, zum Beispiel, dass „ě" wie „jä" ausgesprochen wird, „č" wie „tsch", dass „š" wie „sch" klingt und „ž" die stimmhafte Variante davon ist – in Žižkov kommt sie gleich zweimal vor. Eine Herausforderung ist das „ř". Es ist eine Mischung aus „r" und „sch", wobei beides gleichzeitig erklingen muss – ein Grund, weshalb so viele tschechische Kleinkinder zum Logopäden müssen, wie eine Lehrerin mir einmal verriet.

Als ich bei Lipanská einsteige, wird schon die *příští zastávka*, die Husinecká angekündigt (ach ja, und Striche auf den Buchstaben machen die Vokale lang – also etwa „prschrschrieschtie sasstaaaafka: Hussinettskaaaa"). Dann kommt der *Hlavní nádraží*, der Hauptbahnhof („hlawnie naaaadraschie"). Dort warte ich auf die nächste Tram, als mich zwei russische Touristen nach dem Weg zum Wenzelsplatz fragen. Ich kann ihnen sofort weiterhelfen, dank der zwei Semester Russisch an der Uni gelingt es mir, sie mit wenigen Worten und vielen Gesten in die richtige Richtung zu schicken. Vor allem aber fühle ich mich plötzlich fast als Einheimische, weil ich gerade eindeutig bewiesen habe, dass ich mich schon sehr viel besser in der Stadt auskenne als die Fremden. Dass es nicht gerade eine große Kunst ist, im Prager Zentrum den Weg zum Wenzelsplatz zu finden, gestehe ich mir nicht ein. Lieber genieße ich noch ein bisschen das Gefühl, zumindest vorübergehend eine echte Pragerin geworden zu sein.

November
Nä!

Nein, sagte die Frau, eine Monatskarte gebe es nicht. Tief einatmen, befahl ich mir, den Tränen nahe. Ich wusste genau, dass es sehr wohl eine solche Fahrkarte für den öffentlichen Nahverkehr gab. Schon viel zu lange kaufte ich mir fast täglich Tickets für den Weg zur Arbeit. Sie sind mit 24 Kronen (nicht mal ein Euro) für dreißig Minuten Fahrtzeit zwar relativ günstig, auf Dauer aber doch teurer und weniger praktisch als die Monatskarten. Noch einmal versuchte ich es mit: „Aber es gibt doch ...". „Nein", unterbrach mich die Frau am Schalter, ohne eine Miene zu verziehen, „gibt es nicht", und winkte den nächsten Kunden nach vorn. Mühsam zwang ich mich, meine Wut runterzuschlucken. Ich hatte Hunger, und mir war kalt, außerdem hatte ich den ganzen Tag schon ein *ne* (im Tschechischen mit kürzerem „e" als im Deutschen gesprochen, wie „ä", aber gleicher Bedeutung) nach dem anderen kassiert.

Das erste war von Ondřej gekommen, dem Fotografen mit der Excel-Tabelle. Er wollte einfach nicht das Bild zu meinem Artikel liefern, das ich gerne gehabt hätte. Was ich originell und kreativ fand, war in seinen Augen Unfug, sah aus „wie von einem Betrunkenen nach sieben Bier auf dem Boden liegend aufgenommen". Ich bevorzugte ungewöhnliche Perspektiven, er gerade Linien, Quadrate und rechte Winkel. Alles musste seine Ordnung haben.

Das zweite *ne* kam in der Mittagspause, als ich mir

beim Bäcker um die Ecke ein belegtes Brötchen holen wollte. Viele Tschechen schwärmen von ihren *chlebíčky* – was ich überhaupt nicht nachvollziehen kann: Geschmackloses Weißbrot mit tonnenweise Mayonnaise, zwei bis drei dünnen Scheiben Wurst oder Schinken (oder seltener Käse) und ein bisschen Gurke oder Paprika zur Dekoration ist meiner Meinung nach kein Gericht, das für eine besonders raffinierte Küche spricht. Gereicht werden die Happen aber sowieso vor allem bei Festen und Feiern. Das belegte Brötchen vom Bäcker für die Mittagspause ist nicht sonderlich verbreitet. Ganz zu schweigen von einer guten Butterbrezel. Oder überhaupt einer Brezel.

Ich war also froh, nicht weit von der Redaktion eine Bäckerei zu entdecken, die nicht nur trockenes Brot und süßes Gebäck verkauft. Allerdings erblickte ich in der Vitrine ausschließlich Brötchen mit Fleisch – auch die mit viel Käse waren zusätzlich mit einer Scheibe Schinken versehen. „Haben Sie vielleicht auch etwas Vegetarisches", fragte ich vorsichtig, als ich an der Reihe war. *Ne.* „Könnten Sie nicht zum Beispiel so ein Brötchen da nur mit Käse belegen?" Die Verkäuferin sah mich an, als käme ich vom Mond. *Ne.* Hungrig und trotzig verließ ich den Laden und kaufte mir um die Ecke eine Tüte Chips.

Das dritte *ne* gab es in der Bank, als ich versuchte, ein Konto zu eröffnen. Ich hatte alle Daten angegeben, mir den tschechischen Vertrag zweimal mehr oder weniger aufmerksam durchgelesen und mich für die günstigere Option entschieden, als ich kurz vor der letzten Unterschrift nach meiner Handynummer gefragt wurde. Noch hatte ich mir keine tschechische SIM-Karte besorgt, obwohl es sich für ein Jahr gewiss lohnen würde. Aber es standen noch so viele Sachen auf der To-do-Liste, und ich hatte es für wichtiger gehalten, zuerst das Konto zu eröffnen. *Ne*, sagte die Beraterin, ohne tschechische Nummer sei das nicht möglich, und erklärte irgendwas von Freischalten, PIN und einer Kontrollnummer, die mir per SMS geschickt würde. Also erst zum Handyladen nebenan, später noch einmal zur Bank, das ganze Spiel von vorne. Das alles mit nicht viel mehr als einer Tüte Chips im Magen.

Und nun auch noch die Sache mit der Monatskarte. Hatte die Frau am Schalter mich nicht verstanden? War mein Tschechisch zu schlecht? Ich bekam Heimweh und Lust auf eine Butterbrezel, fuhr nach Hause und wollte mit meinem Freund in Deutschland skypen. Spieleabend mit seinen Kumpels, schrieb er einsilbig zurück, keine Zeit, tut mir leid.

Stattdessen ließ ich mich ins Bett fallen, und wie jeden Abend in diesem Moment fiel mir das ungelöste Matratzenproblem wieder ein. Bisher war zu viel los gewesen. Die Tage hatte ich in der Redaktion damit verbracht, zu verstehen, was in diesem Land gerade Wichtiges geschieht (meistens nichts oder nicht viel), und daraus einigermaßen unterhaltsame Texte zu stricken. Nach Feierabend spazierte ich oft mit Zettel, Stift und Fotoapparat durch die Straßen, um nach neuen Ideen zu suchen. Oder wartete zu Hause (meist vergeblich) auf einen Skype-Anruf.

In den ersten Wochen musste ich außerdem regelmäßig nach Deutschland – was das Einleben in Prag schmerzlich in die Länge zog und mir den Umzug endlos erscheinen ließ. Bei der ersten Busfahrt hatte ich mich noch auf das Wesentliche beschränkt (wer schon einmal auf diese Weise umgezogen ist, der weiß, dass das Wesentliche erstaunlich schwer ist). Beim zweiten Mal durften einige ungelesene deutschsprachige Romane und meine Lieblingsmüslischüssel ebenso wenig fehlen wie ein Multifunktionshobel für Gurken, Käse und Karotten, den mir meine Eltern vor einiger Zeit zu Weihnachten geschenkt hatten. Ab der dritten Fahrt nahm ich Dinge mit, die man nicht unbedingt zum Überleben braucht (Radiowecker, Nudelsieb, Küchenschere, Wörterbuch, Wärmflasche, Hausapotheke).

Am liebsten hätte ich auch jedes Mal ein Dutzend frische Vollkornbrote in meinen Rucksack gestopft. Aber meistens war er schon nach zwei Laiben zu schwer. In Prag machte ich daraus vier Hälften und verstaute drei davon in meinem Gefrierfach. Denn das Brot, das ich bisher hier gekauft hatte, schmeckte spätestens am zweiten Tag, als wäre es eigentlich dazu bestimmt, die Hauswand damit zu isolieren. Es war wie Dämmmaterial, nur mit ein bisschen Kümmel drin, selbst wenn es direkt nach dem Kauf noch gut gerochen und eine knusprige Kruste gehabt hatte. Nicht viel besser waren die *rohlíky* – geschmacklose, oft zähe Stangen, die vermutlich ausschließlich aus Wasser und Mehl bestehen, dafür aber mit zwei Kronen (etwa sieben Cent) unschlagbar günstig und wahrscheinlich auch deswegen so beliebt sind. Wer sich gerne als Ausländer outen möchte, der sollte übrigens – am besten mit einem stumpfen Messer – unbedingt versuchen, seinen *rohlík* aufzuschneiden und dann beide Hälften getrennt voneinander zu belegen. Wer ihn auf tschechische Art verzehren möchte, schmiert den Aufstrich einfach direkt auf den ganzen *rohlík* und beißt rein.

All das wanderte jetzt beim Einschlafen wieder durch meinen Kopf. Ich dachte mal auf Tschechisch, mal auf

Deutsch, kaufte in Gedanken Fahrkarten, eröffnete Konten und bestrich einen *rohlík*. Statt mich weiter von einer Seite auf die andere zu wälzen, beschloss ich, noch einmal in Jeans und Winterstiefel zu schlüpfen. Ich steckte auch den Ring meiner Oma noch einmal an, den ich schon neben mein Bett gelegt hatte, und ging nach draußen. Wenzelsplatz und Karlsbrücke sind zwar zu Fuß keine zwanzig Minuten von meiner Wohnung entfernt. Trotzdem befinden sie sich jenseits einer unsichtbaren Grenze. Bis zum Karlsplatz bewegen sich einige Touristen noch, manche schauen sich das Tanzende Haus ein paar Schritte weiter unten am Moldauufer an und vielleicht noch das Emmauskloster, das die Alliierten im Zweiten Weltkrieg angeblich aus Versehen zerbombten – wahrscheinlich, weil sie Prag aus der Luft mit Dresden verwechselten. Aber nur wenige gehen die paar hundert Meter stadtauswärts in Richtung Albertov, der Straße, in der im November 1989 die Studentenproteste begannen.

„Wann, wenn nicht jetzt? Wer, wenn nicht wir?", steht auf einer Gedenktafel, darunter das Datum, das an die Samtene Revolution erinnert: 17. 11. 1989. Es war der Tag, an dem tausende Studenten demonstrierten und die Sicherheitskräfte mit Gewalt gegen sie vorgingen. Der Tag, den man heute als Beginn der Samtenen Revolution bezeichnet, ein staatlicher Feiertag, an dem zugleich daran erinnert wird, dass am 17. November 1939 die Nationalsozialisten im damaligen „Protektorat Böhmen und Mähren" die tschechischen Hochschulen schlossen und tausende Studenten misshandelten, verhafteten, in Konzentrationslager deportierten und töteten. Das ist lange her, und doch frage ich mich, ob ich mich als Deutsche nicht ein bisschen schuldig fühlen sollte, wenn ich mir vorstelle, was hier im November 1939 passiert ist. Und ich frage mich, wie es den Tschechen geht, wenn sie an den November 1989 denken. Ob alle den freien Tag gleichermaßen genießen – die Mittäter und die Verfolgten *za komunismu* – „im Kommunismus", wie die Tschechen sagen, als wäre es allein das ihnen übergestülpte System gewesen, das ganz ohne das Zutun von Menschen funktionierte. Feiern sie alle gemeinsam, diejenigen, die nicht studieren oder ihren Beruf nicht ausüben durften, und diejenigen, die sich arrangierten; die, die nach 1989 plötzlich zu Geld kamen, und die, die verbittert sind, weil sie nach der Revolution alles verloren; die, die um die Welt reisen, und die, die keine Arbeit haben oder keine Rente, von der sie leben können?

Ich ziehe meine Mütze tief über die Ohren, der Wind bläst mir kalt ins Gesicht. Es ist kurz vor Mitternacht, das Viertel rund um die Gebäude der Karls-Universität schläft schon. Im Vergleich zu Žižkov, wo ich nach Redaktionsschluss oft spätabends zur Tram laufe und die Menschen um diese Zeit in den 24-Stunden-Läden einkaufen oder nach einer Kneipe suchen, die bis zum Morgengrauen geöffnet bleibt, geht es in den Straßen zwischen Albertov und Moldau-Ufer, am Rand der Neustadt, sehr aufgeräumt zu. Die Häuser sind höher und größer, aber auch älter und hübscher. Hier sind *za komunismu* kaum Plattenbauten entstanden. Und die Straßen und Gassen sind weniger verwinkelt. Sie führen entweder Richtung Karlsplatz oder runter zur Moldau.

Ich lasse mich treiben und lande am Náplavka-Ufer. Solange die Temperaturen abends noch angenehm waren, bekam man hier nach Einbruch der Dämmerung kaum einen Sitzplatz in Moldau-Nähe. Auf allen Bänken und Mauern, auch auf dem Boden saßen junge Menschen und feierten, dazwischen spielten Bands und legten Boote an, von denen aus den Leuten am Ufer Getränke verkauft wurden. Seit ein paar Wochen ist es ruhiger geworden. Die kleineren Boote sind verschwunden, wahrscheinlich warten sie irgendwo auf den Frühling.

Ich bin gerade ganz froh, dass die Kälte den Trubel vertrieben hat. Einsames Flussufer mit Nebelschwaden passt heute besser zu meiner Laune als Party und lauer Sommerabend. In der Ferne sehe ich die beleuchtete Burg mit dem Veitsdom und die Karlsbrücke, der ich mich langsam nähere. Bisher habe ich sie und das Zentrum gemieden. Den Altstädter Ring mit dem Hus-Denkmal und das Rathaus mit der Astronomischen Uhr (dem *orloj*, wie die Tschechen sagen) kenne ich von früheren Besuchen ebenso wie die Kleinseite, das Goldene Gässchen und das Jüdische Viertel.

Ich würde lügen, wenn ich behauptete, dass mich dieses magische Prag nicht verzaubern würde. Ich finde es noch immer wunderschön. Aber seit ich als Quasi-Einheimische (oder jemand, der es werden will) hier bin, habe ich gar keinen Grund, mich im Zentrum zu bewegen. Ich gehe dort nicht einkaufen, weil ich mich nicht von überteuerten Karlsbader Oblaten, Absinth und angeblich hochwertigem böhmischen Kristall ernähre. Ich gehe dort nicht auf ein Glas Wein hin, weil es anderswo gemütlicher und billiger ist. Und ich gehe dort nicht spazieren, weil mich die Touristen abschrecken. Vor allem die Deutschen, die in der Straßenbahn glauben, niemand könne sie verstehen und sich entsprechend laut über „die Tschechen" unterhalten (im Grunde lassen sich solche Gespräche meistens auf einen Nenner bringen: Manches haben sie ja schon ganz hübsch renoviert hier, aber trotzdem sieht es bei ihnen noch nicht so schön gepflegt aus wie bei „uns", die müssen halt noch einiges lernen hier im Osten, aber eines muss man ihnen lassen: Bier brauen, das können sie schon, und das Essen ist auch recht günstig). Oder die Briten, Dänen, Finnen, die in Gruppen grölend und angetrunken von einer Kneipe zur anderen stolpern, weil das Bier so billig ist. Tschechen trifft man rund um den Altstädter Ring oder zwischen Burg und Kleinseitner Platz (Malostranské náměstí) dagegen eher selten. Ich kenne keinen Prager, der dort wohnt oder abends ein Bier trinken geht – abgesehen von ein paar Studenten vielleicht, die auf dem Weg von einer Fakultät zur anderen sind.

Das heißt doch, einen kenne ich sogar, der mittendrin wohnt, fällt mir ein, als auf der Moldau das Ausflugsschiff Cecilie an mir vorbeifährt. Am Steuerrad – das in diesem Fall ein unscheinbarer Steuerhebel ist – sitzt Kapitän Marek, den ich in der Dunkelheit nur erahne. Ich habe ihn vor kurzem für einen Artikel über die Moldauschifffahrt interviewt. Jetzt winke ich ihm zu, aber er sieht mich nicht, schaut nur geradeaus auf die schwarze Wasseroberfläche, auf der sich die Lichter der Stadt spiegeln. Bestimmt genießt Marek den Anblick. Ich weiß, dass er Sinn für Romantik hat. Vor ein paar Jahren sei er noch mit dem Kahn gefahren, erzählte er mir mit tiefer Stimme auf seinem Schiff. Das „u" im tschechischen Wort člun (Kahn) zog er in die Länge: „tschluuuun". Allein zu sein mit dem Fluss, ganz ohne Motor, das sei noch romantisch gewesen, meinte Marek. Mit dem Kahn schipperte er von der Moldau über die Elbe bis nach Hamburg und lauschte dem Brausen des

Wassers, ein „romantischer Beruf", brummte er immer wieder in seinen grauen Schnurrbart.

Das Ausflugsschiff bietet Platz für 450 Passagiere. Wenn es nicht gerade Touristen transportiert, liegt es am Dvořák-Ufer, mitten im Stadtzentrum. Jede Tour verlange dem Kapitän viel Feingefühl ab, sagte mir Marek, obwohl die Moldau kein wildes Gewässer ist. „320 Tonnen bringt man nicht einfach so zum Stehen, man muss mit dem Schiff leben und fühlen." Genau das macht der 56-Jährige mit seiner Cecilie. Sie ist 53, hat aber 1985 einen neuen Motor bekommen – eingebaut vom Volkseigenen Betrieb Schwermaschinenbau Karl Liebknecht in „Magdeburg, Deutsche Demokratische Republik", wie eine zerkratzte Plakette im Maschinenraum mir verriet. In Magdeburg entstand auch das Schiff; bevor es nach Prag kam, fuhr es jahrzehntelang auf deutschen Seen herum. Jetzt kümmert sich Marek um Cecilie. Wenn er nicht am Steuer steht, verbringt er die meiste Zeit in seiner Kajüte. Nachdem die Passagiere ihr Abendessen verspeist haben, wird er bestimmt auch heute Abend an Bord bleiben, auf dem Wasser, wo er am liebsten ist, auch wenn sein Bett mal ein bisschen schaukelt. „Bei einem Sturm habe ich keine Angst", hatte er behauptet. „Da ziehe ich mir einfach die Decke über den Kopf und schlafe weiter." Nach meinem Spaziergang wird auch mir das irgendwann in dieser Novembernacht noch gelingen. Irgendwann.

Dezember

Festgefroren

Das Thermometer zeigt ein Grad unter null. Die Männer an der Bushaltestelle tragen leichte Turnschuhe, die meisten haben Husten und Schnupfen. Gegen die Kälte hat einer von ihnen einen Tetra Pak Rotwein geholt. Das Restgeld wird aufgeteilt, das Getränk in eine Plastikflasche umgefüllt. Die Männer stehen in kleinen Grüppchen, sie grüßen sich, die meisten kennen sich, wenige unterhalten sich. Sie warten auf den Bus mit der Nummer 111, der sie von der U-Bahn-Station Skalka nach Hostivař bringt. Eine Linie wie viele andere, im Dreißig-Minuten-Takt am Stadtrand entlang. Dennoch hätte ich mir vorher nicht aufschreiben müssen, welcher Bus am Abend zum Nachtquartier für Obdachlose fährt. Die Menschen, die sonst von anderen Fahrgästen komisch angeschaut werden, sind hier in der Überzahl.

Mit warmen Winterstiefeln, Wollschal und dickem Mantel stehe ich mittendrin. Trotzdem ist mir kalt. Ich will einen Artikel über die Unterkunft am Stadtrand schreiben und bin viel zu früh an der Bushaltestelle. Zwanzig Warte- und neun Fahrtminuten später kündigt die automatische Ansage endlich das Ziel an, die *zastávka* namens *Továrny Hostivař* – „Fabriken Hostivař". Ein älterer Mann mit schulterlangen Haaren und schwarzer Wollmütze nickt schweigend. Er sieht gepflegter aus als viele andere, ist gut rasiert, und man meint, ein vorsichtiges Lächeln auf seinem Gesicht zu erkennen. „Und schon sind wir zu Hause", sagt er mehr zu sich selbst als zu seinen Sitznachbarn. Doch die reagieren sofort, sie greifen nach ihren Stofftaschen und Plastiktüten, erheben sich von den Sitzen und rücken ihre Mützen zurecht. Der Fahrer bremst. *Tovární Hostivař*, erklingt noch einmal die Stimme.

Die Haltestelle liegt nahe der Bahntrasse im Industriegebiet, etwa dreizehn Kilometer vom Stadtzentrum entfernt. Die Türen öffnen sich. Vierzig bis fünfzig Männer und ein paar Frauen steigen aus, fast leer fährt der Bus weiter, während sich der Zug stumm in Bewegung setzt. Die Menschen überqueren den Zebrastreifen. Die vorne gehen zielstrebig am Straßenrand entlang, die hinten laufen mit Krücken oder torkeln von links nach rechts, auf der Suche nach dem Gleichgewicht. Einer setzt immer wieder die Plastikflasche an, um die letzten Schlucke auszukosten.

Er müsste es nicht, denn in den Nachtquartieren für den Winter sind die Regeln weniger streng als in anderen Einrichtungen. „In den Unterkünften, die ganzjährig geöffnet sind, gilt ein Alkohol- und Drogenverbot", hat mir schon am Vormittag eine Mitarbeiterin des städtischen Sozialzentrums erklärt. In den Winterquartieren gebe es nur eine einzige Bedingung: „Die Menschen, die wir aufnehmen, dürfen keine Gefahr für die anderen darstellen. Aber wir kontrollieren sie weder auf Alkohol oder Drogen noch ihre Ausweise." Es geht nur darum, dass sie nicht auf der Straße schlafen, dass sie bei Minusgraden nicht erfrieren. Das gilt auch für die Unterkunft in Hostivař, die von der Caritas betrieben wird. Sie ist abgelegen wie die meisten Prager Notquartiere für Obdachlose. Sie sollen mit den öffentlichen Verkehrsmitteln erreichbar sein, aber niemanden stören, sagte die Sozialarbeiterin. Kein Stadtteil wolle eine solche Einrichtung haben oder ein Gebäude zur Verfügung stellen, deswegen miete die Stadtverwaltung sie meist von Privatpersonen oder Firmen.

In Hostivař befindet sich die Notunterkunft in einem zweistöckigen Kastenbau, der im Sommer als Wohnheim für Arbeiter dient. Vor der schmalen Eingangstür hat sich kurz vor 21 Uhr eine lange Warteschlange gebildet, eine stumme Menge, die langsam kleiner wird. Die Mitarbeiter der Caritas fragen jeden Ankommenden nach Namen, Geburtsdatum und Nationalität. „Das sind freiwillige Angaben, eher für unsere Statistik", sagt Matouš, der die Einrichtung leitet. Sie ist seit gut einer Woche geöffnet, bisher wurden rund 600 Übernachtungen gezählt und 200 „Klienten", wie Matouš seine Gäste nennt. Viele von ihnen kennt der 25-Jährige schon von seiner Arbeit als Streetworker.

Am Empfang stehen zwei Kanister mit heißem Tee und Plastikbecher zur Selbstbedienung. Wer will, bekommt ein Stück trockenes Brot, ein Abendessen gibt es aber nicht. Die Nachtquartiere sind laut Gesetz nur zum Schlafen und für die persönliche Hygiene da. Für die Verpflegung sind andere Hilfsorganisationen zuständig, die die Klienten tagsüber aufsuchen können. Matouš und seine Mitarbeiter – sie sind meist zu zweit oder zu dritt in einer Einrichtung – weisen den Obdachlosen Betten zu. An diesem Abend sind sie alle belegt. Die Sozialarbeiter versuchen, die Zimmer so einzuteilen, dass die Bewohner sich gut vertragen. Viele kommen ohnehin in Gruppen. Man kennt sich, man hilft sich.

Wenn ein neues Nachtlager eröffnet wird, spricht es sich schnell herum. Durch die Auskünfte der Sozialarbeiter von städtischen und anderen Hilfsorganisationen wissen die Koordinatoren genau, wie viele Plätze sie brauchen. Trotzdem gibt es Menschen, die auch bei Eiseskälte auf der Straße übernachten. Denn nicht alle wollen in eine Unterkunft, auch bei Temperaturen weit unter null nicht. Sie wollten sich ihre Freiheit bewahren oder ihre Hunde nicht allein lassen, erklärte mir eine Sozialarbeiterin. Tiere sind auch in den Winterquartieren nicht erlaubt.

Nach ihrer Ankunft in Hostivař ziehen sich die meisten Klienten gleich zurück. Eine Gruppe steht vor der Tür und raucht, ab und zu holt sich jemand Tee oder fragt nach dem Weg zur Toilette. Dann wird es still in den Zimmern, um 22 Uhr ist Bettruhe. „Wir sind nicht ganz so streng, es geht vor allem darum, dass niemand gestört wird", sagt der Leiter der Einrichtung. Die Nächte verliefen ruhig, weil die Menschen sehr müde seien und froh, im Warmen schlafen zu können. „Die Probleme halten sich in Grenzen, die Leute schätzen diese Krisenunterkunft sehr." Ausschlafen können sie in Hostivař allerdings nicht. Wie in den anderen Unterkünften werden sie um sechs Uhr von den Sozialarbeitern geweckt, bis sieben müssen sie das Nachtquartier verlassen. Manche bleiben gerne noch ein paar Minuten liegen. Aber die meisten sind es gewohnt, früh aufzustehen.

An diesem Abend kommt mir mein Matratzenproblem ziemlich belanglos vor. Schlafen kann ich trotzdem nicht. Ich bin dankbar, dass ich ein Dach über dem Kopf habe und keine wirklich großen Sorgen, und vor allem, dass ich als Journalistin immer wieder Welten sehe, in die ich ohne diesen Beruf wohl nie einen Einblick bekäme. Ich bewundere den Sozialarbeiter dafür, wie er mit den Menschen umgeht, die von vielen schief angeschaut werden und neben die ich mich – auch wenn ich das nicht gerne zugebe – in der Straßenbahn auch nicht unbedingt freiwillig setze. Gerne würde ich meine Gedanken jetzt mit jemandem teilen, aber es ist nach Mitternacht, und mein Freund ist mal wieder nicht zu erreichen – Kino und dann noch ein bisschen quatschen mit seinen Kumpels, er wünscht mir wortkarg eine gute Nacht.

Als ein paar Stunden später der Wecker klingelt, habe ich nicht das Gefühl, überhaupt richtig geschlafen zu haben. Die heiße Dusche hilft zwar gegen das Frösteln, den Kreislauf bringt sie allerdings nicht in Schwung. Kurz darauf stehe ich an der Haltestelle, mir ist noch immer ein wenig schwindelig. Da die *tramvaj* nach fünf Minuten nicht kommt, lehne ich mich vorsichtig an die Hauswand. Nach zehn Minuten nehme ich einen Schluck aus der Wasserflasche in meiner Tasche und esse ein Stück Traubenzucker. Nach fünfzehn Minuten ist sie immer noch nicht da, an der Haltestelle sammeln sich immer mehr Menschen. Seltsam. Hier fahren drei Linien, an einem Werktag wie heute kommt im Berufsverkehr mindestens alle fünf Minuten eine Bahn. Jetzt heult dafür eine Sirene kurz auf.

Den Ton kenne ich bereits, er hat mich vor ein paar Wochen an einem Mittwoch unsanft aus dem Bett geholt. Der Dienstag zuvor war lang gewesen, weil der Redaktionsschluss sich bis weit nach Mitternacht hinzog. Danach hatte ich noch einen Feierabend-Becherovka mit meinen Kollegen getrunken (ich kann mich noch immer nicht für Bier begeistern, Wein gab es nicht, und Wasser war fast das teuerste Getränk auf der Karte, also bestellte ich den tschechischen Kräuterschnaps, der ein wenig nach Anis schmeckt). Gemeinsam mit Ondřej hatte ich eine der letzten Nachtstraßenbahnen nach Hause genommen. Er hat denselben Weg und hat wie immer ununterbrochen geredet, ich habe in unregelmäßigen Abständen *chápu, no jasně* und *rozumím* gesagt („ich begreife", „na klar" und „ich verstehe"). Zu Hause fiel ich gleich ins Bett und schlief, bis ich die Sirene hörte. In der Grundschule klang früher der Feueralarm so ähnlich. Ich war sofort hellwach. Der Lautsprecher war ganz in der Nähe meines Fensters. Draußen sah ich aber wie immer nur die Bäume und Sträucher des botanischen Gartens, keine Menschen, kein Feuer. Ich überlegte kurz, leicht panisch, schaltete das Radio an – vielleicht sagen sie ja etwas durch. Aber da sang nur eine hauchzarte Frauenstimme *Řekni, kde ty kytky jsou*, die tschechische Version von „Sag mir, wo die Blumen sind". Da das nicht weiterhalf, zog ich schnell Schuhe und meine Jacke an, steckte Handy, Schlüssel und Geldbeutel in die Tasche und ging nach draußen, um zu schauen, was los war. Aber ich sah nur Menschen, die in aller Ruhe auf die Straßenbahn warteten, ihre Einkaufstüten durchs Treppenhaus schleppten oder ihren Briefkasten leerten. Es kann wohl nichts Ernstes passiert sein, folgerte ich, ging zurück in meine Wohnung und machte mir ein Müsli. In der Redaktion erfuhr ich später von meinen Kollegen, dass es jeden ersten Mittwoch im Monat um zwölf Uhr so einen Probealarm gibt.

Jetzt ist aber weder Mittwoch noch zwölf Uhr. Auf die Sirene folgt eine Durchsage: „Zschaaaaschzschzschooooo-schzschschzaaaasch", höre ich und schaue die anderen Wartenden fragend an. Achselzucken. Es liegt offenbar nicht an mangelnden Tschechischkenntnissen, dass ich kein Wort verstanden habe. Da es an der Hauswand langsam richtig kalt wird, mache ich es wie die meisten und gehe zu Fuß bis zur nächsten Haltestelle, etwa fünf Minuten bergauf. Auch dort kommt keine Straßenbahn und auch bei der nächsten und übernächsten Haltestelle nicht. Da hilft es auch nicht weiter, dass ich mittlerweile stolze Besitzerin einer Monatskarte bin (der zweite Versuch bei einer netten Verkäuferin klappte ohne Probleme, sie wies mich nur darauf hin, dass die Karte für dreißig Tage gelte, nicht für einen Kalendermonat).

Ich bin über eine Stunde unterwegs und habe Eiszapfen an Händen und Füßen, als ich endlich in der Redaktion ankomme. Dort erzählt mir ein Kollege, was passiert ist: Ein Mittelmeertief habe in der Nacht starken Eisregen nach Tschechien gebracht. Die Oberleitungen in Prag – und auch in anderen Städten und Regionen des Landes – seien eingefroren, der Zugverkehr musste an vielen Orten eingestellt werden. In der Hauptstadt wird es noch einige Stunden dauern, bis die Straßenbahnen wieder fahren. Ich ärgere mich noch ein bisschen über die nasskalten Füße. Dann denke ich an die Männer und Frauen aus der Obdachlosenunterkunft.

Mit den Prager Verkehrsbetrieben versöhnt mich spätestens am nächsten Tag Martin. Er kommt mit Kristina zum Treffpunkt, zur U-Bahn-Station I. P. Pavlova. Eine gute Viertelstunde Verspätung haben die beiden, was natürlich an Kristina liegt. „In der Nacht hat es sie erwischt", sagt Martin und schüttelt den Kopf. Dann lächelt er, ein bisschen wie ein kleiner Junge, der mit einer Eisenbahn spielt. Kristina ist die Nummer 121, ein Zug der Prager *metro*. Mit bis zu achtzig Stundenkilometern ist sie im Untergrund unterwegs, auf der Linie C zwischen dem Bahnhof Holešovice und der Endstation Háje befördert sie in der Regel etwa tausend Fahrgäste und einen Zugführer. Der heißt an diesem Morgen Martin und nimmt mich ein Stück mit in der Fahrerkabine, weil ich einen Artikel über ihn schreiben möchte.

In der Nacht wurde Kristina mit Graffiti besprüht, deshalb fahren wir nur bis zur Station Kačerov und dann ins Depot. Martin hat dort schon als Kind gern Zeit verbracht, als sein Vater für die Verkehrsbetriebe arbeitete. Der Vater war damals für die Rolltreppen zuständig. Der Sohn fand erst über einige Umwege in die Führerkabine einer U-Bahn: Nach dem Abitur arbeitete er bei der Eisenbahn als Elektriker und Fahrdienstleiter, später wechselte er zur Prager Straßenbahn. Doch dann hatte er einen Unfall, zwei Jahre dauerte die Genesung. „Ich hatte viel Zeit zum Nachdenken, wie es weitergehen soll mit meinem Leben", sagt er. Der gebürtige Prager war christlich erzogen worden, jetzt entdeckte er sein Interesse für Martin Luther und den böhmischen Reformator Jan Hus. Er entschied sich, hussitische Theologie zu studieren, um Pfarrer zu werden. Er lernte Latein, Griechisch und zwei Semester Hebräisch; im vierten und fünften Studienjahr predigte er als Kaplan. Seine geistige Heimat habe er bei den Hussiten gefunden, erzählt mir Martin. Aber der Kontakt zu den normalen Leuten habe ihm gefehlt. Also ging er zurück zu den Prager Verkehrsbetrieben, wo er von der Straßenbahn auf die U-Bahn umstieg. „Ich habe gemerkt, dass ein Umfeld, das mit der Kirche überhaupt nichts gemeinsam hat, viel menschlicher und viel offener sein kann als die Kirche", sagt der Pfarrer. „Ungläubige können genauso gute oder sogar bessere Menschen sein."

Martin ist mir sympathisch – vielleicht deswegen verstoße ich während des Gesprächs gegen eines meiner journalistischen Prinzipien. Bisher hielt ich es immer für klüger, selbst nur die Fragen zu stellen und die Antworten dem Interviewpartner zu überlassen. Seit ich in Prag bin, fällt mir das häufig schwer. Ich glaube nicht, dass die tschechischen Interviewpartner prinzipiell neugieriger sind. Aber die Konstellation ist eine andere. Wenn ich in Deutschland jemanden interviewt habe, war dem Gesprächspartner meistens klar, dass ich diese Fragen stelle, weil es mein Beruf ist. In Prag wollen sie fast alle irgendwann wissen, weshalb ich als Deutsche Tschechisch spreche, warum und wie lange ich schon in Prag lebe, manchmal auch, wie es mir hier gefällt und wie lange ich bleibe. Auch Martin stellt solche Fragen, und wie bei den Interviews vorher will ich erst die kurze Version erzählen: Ich habe im Studium Tschechisch gelernt, weil ich aus Bayern komme und das Nachbarland nahe ist, weil mich die Kultur interessiert, weil es eine Sprache ist, die nicht jeder kann. Das ist nicht gelogen. Aber dann bohrt er nach, und ich gestehe ihm doch einen weiteren Grund meines Aufenthalts in Prag.

Dieser Grund hängt mit dem zusammen, was mir meine Oma früher erzählte, wenn ich „die lange Geschichte" von ihr hören wollte. Bisher habe ich sie für mich behalten, weil ich nicht in eine Schublade gesteckt werden wollte, weil ich Angst vor Missverständnissen hatte und weil ich dachte, dass sie gar nichts mit mir und Prag zu tun habe. Aber je länger ich in diesem Land lebe, desto öfter frage ich mich, was Märchen war und was Wahrheit in der langen Geschichte meiner Oma, und vor allem, was sie mir, der damals Sechsjährigen, wohl verschwiegen hat.

Die lange Geschichte beginnt in meiner Erinnerung (es ist bestimmt zwanzig Jahre her, dass meine Oma sie mir erzählte) etwa 1917, als meine Oma in Rudig zur Welt kam. Rudig heißt heute Vroutek und liegt rund neunzig Kilometer westlich von Prag, in einer Gegend, die einmal das Sudetenland war. Die Arbeitslosigkeit ist dort heute höher als in der Hauptstadt, das Bruttoinlandsprodukt pro Kopf geringer, die Häuser heruntergekommener und alles ein bisschen grauer. Pampa eben, oder *pohraničí*, wie die Tschechen jetzt sagen, Grenzgebiet. Als meine Oma geboren wurde, war der Erste Weltkrieg noch nicht zu Ende, Rudig gehörte zur Österreichisch-Ungarischen Monarchie. Ein gutes Jahr später, am 28. Oktober 1918, wurde die Tschechoslowakische Republik gegründet. Meine Oma war plötzlich Teil der deutschen Minderheit im neuen Staat.

Über Politik hat sie nie mit mir gesprochen. Stattdessen erzählte sie von der Kirche, in die sie mit ihren Geschwistern ging, von einem Ausflug zu einem Aussichtsturm, von einem Sonntagskleid, das beim Spielen einen Fleck bekam (den sie herausbiss aus Angst, ihre Mutter könnte über den Fleck schimpfen), und vom roten Fahrrad, das mein Opa fuhr, als sie sich in ihn verliebte. Kein Wort vom Nationalsozialismus, vom Zweiten Weltkrieg oder davon, was sie über Hitler dachte. Gehörte sie zu den Sudetendeutschen, die ihn als Befreier begrüßten und „heim ins Reich" geholt werden wollten? Ich weiß es nicht, und ich weiß auch nicht, ob ich eine Chance habe, es jemals herauszufinden. Vielleicht hat sie Andeutungen gemacht, die ich als Sechsjährige nicht verstand.

Was sie über die Vertreibung erzählt hat, sehe ich dafür bis heute ganz deutlich vor mir. Das heißt, ich sehe natürlich nicht, wie es wirklich war, sondern die Bilder, die als Kind in meinem Kopf entstanden, während ich meiner Oma zuhörte. Sie machte aus der Vertreibung, die in ihrem Fall wohl eine relativ geordnete Abschiebung gewesen sein muss, eine Abenteuergeschichte. Die Russen seien gekommen und hätten ihnen gesagt, dass sie weg müssten, erzählte meine Oma. Vielleicht waren es aber auch Tschechen, ich weiß es nicht. Dann hat sie gepackt. Hat Kleidernähte aufgetrennt und Papiere und Fotos in das Futter einer Jacke eingenäht, hat Brot gebacken und Schmuck und Geld im Teig versteckt, vielleicht auch ihren silbernen Ehering, den sie mir nach dem Tod meines Opas vererbt hat. Mit meiner Tante, die damals zwei Jahre alt war, stieg meine Oma auf einen Planwagen, der sie irgendwohin brachte, irgendwo wurden sie auch auf Läuse untersucht – aber ich weiß nicht, ob das noch in Rudig oder unterwegs oder schon auf der anderen Seite der Grenze, nach der Ankunft in Bayern war. Nur, dass es im Raum dämmriges Licht und orangefarbene Vorhänge gab.

Oder hatte ich mir das als Kind so ausgemalt? Beim Versuch, die lange Geschichte meiner Oma zu rekonstruieren, merke ich, dass ich eigentlich gar nichts weiß. Die Bilder in meinem Kopf sind so bunt, so scharf, aber es sind alles nur Momentaufnahmen. Wie Fotos aus einem Familienalbum, ohne Datum, ohne Erklärung. Ich würde gerne mehr wissen über diese Abschiebung, über das Leben in Rudig, im Krieg und davor. Ich könnte nach Vroutek fahren. Vorgenommen habe ich mir das schon oft, aber immer wieder aufgeschoben.

Martin lächelt freundlich beim Zuhören. Es sei nicht richtig gewesen, alle Deutschen wegzuschicken, sagt er. Die

Situation ist mir unangenehm. Ich finde nicht, dass ein Tscheche um die vierzig mir gegenüber die Vertreibung bedauern muss. Ich will nichts mit sudetendeutschen Hardlinern zu tun haben, will kein Grundstück zurück und kein Haus, keine Entschuldigung, und ich will auch keine Brauchtumspflege betreiben, in irgendwelchen Trachten tanzen und den Dialekt von damals wiederbeleben. Was nach dem Krieg passiert ist, lässt sich nicht ohne die Vorgeschichte beurteilen. Ich will nicht die Verbrechen der Deutschen mit dem aufrechnen, was die Tschechen nach dem Krieg gemacht haben. Ich will überhaupt nicht urteilen, über niemanden, weil man aus der Perspektive der Gegenwart nicht über die Vergangenheit urteilen kann.

Als ich an diesem Abend nach Hause kam, merkte ich, dass bald Weihnachten war. Meine Nachbarn hatten die Tanne im Innenhof (etwa fünf Meter hoch) mit Lichterketten und Sternengirlanden geschmückt und davor fünf Holzfiguren aufgestellt – Maria, Josef, Kind in der Krippe, Ochse und Esel. Als sie hörten, dass ich in der Wohnung war, klingelten sie an meiner Tür und überreichten mir eine Einladung zum „vorweihnachtlichen gemütlichen Beisammensein aller Mieter im Innenhof". Ich freute mich wie eine Schneekönigin, denn bisher haben die meisten Hausbewohner mein Grüßen zwar erwidert, mehr Worte haben wir aber noch nicht gewechselt – abgesehen von einer älteren Dame um die siebzig, die im dritten Stock wohnt. Ich bin ihr drei oder vier Mal spät nachts begegnet, also sehr spät nachts, als ich irgendwann zwischen drei und vier von der Arbeit kam (Redaktionsschluss bei der „Prager Zeitung" kann manchmal etwas länger dauern). Einmal stieg ich aus der Nachttram und sie stieg ein, einmal sperrte ich die Haustür auf und sie kam heraus, einmal begegneten wir uns im Treppenhaus. Irgendwann hat sie den Anfang gemacht. „Ich fahre zur Arbeit", hat sie gesagt. „Und ich komme gerade von der Arbeit", habe ich geantwortet, damit sie nicht denkt, ich mache so lange Party. „So spät?", hat sie daraufhin ein wenig mitleidig gefragt. „Wo arbeiten Sie denn?" Zu Hause bei meinen Eltern auf dem Land, wo jeder jeden kennt und die Nachbarn sofort registrieren, wenn mal ein fremdes Auto vor der Tür parkt und womöglich auch noch über Nacht (!) dort stehen bleibt, hätte mich die Frage sicher geärgert, geht das doch die Oma aus dem dritten Stock nichts an. Aber morgens um vier, hundemüde im kalten Treppenhaus einer Millionenstadt, in der ich nicht weiß, wer immer abends gegen sechs so starken Husten hat, dass ich schon einmal überlegt habe, den Notarzt zu rufen, oder wer am Wochenende gelegentlich auch tagsüber beim Sex so laut stöhnt, dass ich selbst bei Regenwetter eine Runde spazieren gehe, freute ich mich plötzlich über ein bisschen Interesse an meinem Leben. „Ich bin Journalistin", erklärte ich. „Ich arbeite für eine Zeitung." „Ach, und ich verkaufe die Zeitung", sagte meine Nachbarin, „in einem Kiosk." Wo der denn sei und ob sie auch die „Prager Zeitung" verkaufe, hätte ich noch gerne gewusst, aber da kam draußen vor der Tür schon ihre Bahn und sie verabschiedete sich mit einem leisen *na shledanou* – auf Wiedersehen!

Die Einladung zum nachbarschaftlichen Beisammensein nahm ich an, weil ich gern ein wenig tschechische Weihnachtsluft schnuppern wollte, wenn ich schon über die Feiertage nach Deutschland fuhr. Die Überraschungen hielten sich allerdings in Grenzen, böhmische und bayerische Bräuche sind sich doch sehr ähnlich, stellte ich etwas enttäuscht fest. Das beginnt bei den Plätzchenrezepten (die Pfefferkuchenplätzchen aus dem tschechischen Backbuch schmecken wie die meiner Mutter) und führt von der Liebe zu Krippen (lebendig auf Märkten, aus Holz im Wohnzimmer) bis zur Schlange am Glühweinstand. Der christliche Hintergedanke oder gar die Christmette ist den mehrheitlich atheistischen Tschechen vielleicht noch ein bisschen unwichtiger als den Deutschen.

Einen großen Unterschied gibt es allerdings, das erfuhr ich von einer Nachbarin, bei der Vorbereitung des Weihnachtsmenüs. „In Tschechien isst man an Heiligabend traditionell gebackenes Karpfenfilet", erklärte sie mir – das kommt zu Hause in Franken in der Weihnachtszeit durchaus auch auf den Tisch. Allerdings kenne ich dort niemanden, der seinen Karpfen vorher (lebend!) in der Badewanne aufbewahrt. In Prag wie im ganzen Land werden ein paar Tage vor dem Fest nicht nur Christbäume verkauft, sondern auch Karpfen, die in großen Bottichen schwimmen. Wer etwas von Tradition hält, der holt seinen Fisch in einem Eimer und lässt ihn dann noch ein paar Tage in der Badewanne leben, bevor er ihn zu Filet verarbeitet. Nun war ich doch ganz froh, über Weihnachten nach Deutschland zu flüchten, sonst hätte ich vielleicht noch in einer Nacht-und-Nebel-Aktion ein paar Karpfen befreien und in der Moldau aussetzen müssen.

Ein anderer Brauch, den es nur in Tschechien gibt, ist mir da wesentlich sympathischer. Ich lernte ihn am nächsten Tag kennen, als meine Prager Freundin Marie mich per E-Mail fragte, ob ich am vierten Advent nicht spontan Zeit für eine *Rybovka* hätte. Ich war ein wenig ratlos; Zeit hatte ich schon, aber keine Ahnung, was eine *Rybovka* war. Auch das Wörterbuch half nicht weiter. *Ryba* heißt Fisch, aber das tat in dem Fall nichts zur Sache. Und der vierte Advent war schon am nächsten Tag. Am Abend erfuhr ich von der Flötistin: Die *Rybovka* ist die „Böhmische Hirtenmesse" von Jakub Jan Ryba, ein Lehrer und Komponist der Romantik, der – für damalige Verhältnisse relativ neu – Werke mit tschechischen Texten verfasste, damit Sänger wie Zuhörer sie auch verstanden. Er schrieb auch einige „patriotische Lieder". In die hiesige Musikgeschichte ging aber vor allem seine Weihnachtsmesse ein, die von Anfang Dezember bis Anfang Januar wahrscheinlich in fast jeder Kirche des Landes mindestens einmal aufgeführt wird.

Begeistert von der Idee, an einer echten tschechischen Weihnachtstradition mitwirken zu können, ließ ich mich von Marie überzeugen, für eine *Rybovka* mein Cello mal wieder auszupacken. Die Noten bekam ich erst am Tag der Aufführung, eine Probe war nicht angesetzt – tschechische Musiker brauchen auch keine, weil sie die *Rybovka* gefühlt seit ihrer Geburt jedes Jahr in der Adventszeit mindestens zehn Mal aufführen. Ich schaute immerhin mal kurz in die Noten, bevor ich zum Treffpunkt fuhr, den ich mit Marie vereinbart hatte. Das Konzert fand am Prager Hauptbahnhof statt – ich dachte an die Eingangshalle, wo es so laut war, dass man ein paar falsche Töne vom Cello am hintersten Pult nicht raushören würde. Aber Marie führte mich durch ein Treppenhaus, durch lange, enge Gänge, eine Tür, noch weiter hinter – bis wir plötzlich in einem richtigen Konzertsaal standen. Ich baute meinen Notenständer auf, schön langsam, damit ich erst Platz nehmen musste, wenn die anderen Cellisten da waren. Der Chor versammelte sich schon zum Einsingen auf der Bühne, die Geiger stimmten ihre Instrumente, ein Bassist war zu sehen – aber kein einziges Cello. „Oh, jemand ist abgesprungen, du bist heute allein", sagte der Dirigent, und ich versuchte, nicht ganz so fassungslos auszusehen wie ich war. Aber für Nervosität blieb gar keine Zeit, es kamen nämlich schon die ersten Gäste, „Gönner der Tschechischen Bahn", wie mir Marie erklärt hatte.

Das Spielen ging so lala. Marie hatte Recht, die Cellostimme war nicht wahnsinnig anspruchsvoll. Ich schaffte es mit ungeübten Fingern, nicht in eine Pause reinzuspielen, keinen bösen Blick vom Dirigenten zu ernten und fühlte mich gleich wieder ein bisschen heimischer in Prag.

Januar

In die Magengrube

Schnitzelsonntag steht mit weißer Kreide auf der schwarzen Tafel vor der Gaststätte. Normalerweise würde ich einen Bogen um die Eingangstür machen. Aber ich bin nicht allein. Nachdem ich Weihnachten und Silvester bei meinem Freund in Deutschland verbracht habe, ist er mich endlich besuchen gekommen. Und er mag gerne Schnitzel. Außerdem haben wir Hunger, den ganzen Tag sind wir durch die Stadt gelaufen, ich habe versucht, ihm die wichtigsten Sehenswürdigkeiten zu zeigen, ohne vielen Touristen zu begegnen – der Januar ist eine ganz gute Zeit dafür. Auf der Speisekarte stehen Schnitzel in allen möglichen Varianten: Wiener Schnitzel, Schweineschnitzel, Kalbsschnitzel, Schnitzel mit Kartoffeln, Schnitzel mit Pommes, Schnitzel mit Kartoffelsalat. Ein vegetarisches Gericht gibt es nicht.

Dass die Auswahl nicht groß ist, bin ich inzwischen gewohnt – in den vergangenen dreieinhalb Monaten hatte ich, grob geschätzt, zehn Mal panierte Champignons zu Mittag, zwölf Mal panierten Blumenkohl, acht Mal panierten Emmentaler, sieben Mal panierten Camembert (der hier aber *hermelín* heißt und so gut wie überall auch eingelegt mit Brot serviert wird, wenn die Küche schon geschlossen ist), drei Mal Pizza Margherita und an fast allen anderen Tagen die 67 – klebriger Reis mit Gemüse und Glutamat in scharfer, leicht süß-säuerlicher Soße vom Asiaten in der Nähe der Redaktion. Ich habe mir angewöhnt, mit meinen

Kollegen mittags essen zu gehen, um die Pause abseits vom Schreibtisch zu verbringen, und weil ein warmes Mittagsessen nur 80 bis 100 Kronen, etwa drei bis vier Euro, kostet. Und ich habe mir angewöhnt, es zu mögen, zumindest phasenweise. Mal gibt es jeden zweiten Tag die 67, dann kann ich sie ein paar Wochen nicht mehr sehen und steige auf paniertes Irgendwas um.

Schnitzelsonntag ist eine neue Herausforderung. „Haben Sie etwas ohne Fleisch?", frage ich, nachdem ich meinem Freund Wiener Schnitzel mit Pommes bestellt habe. Ein entsetzter Blick, ein Zögern. „Da muss ich mal den Koch fragen." Drei, vier Minuten vergehen. „Nein, haben wir nicht." „Auch keinen eingelegten *hermelín*?", frage ich nach – bisher hatte jede Kneipe zumindest dieses vegetarische Gericht. „Nein." Mein Magen knurrt, ich bitte um eine Portion Pommes mit Ketchup. „Beilagen ohne Hauptgericht verkaufen wir nicht." Ich könnte in dieser Gaststätte vor Hunger tot umfallen, und der Kellner würde mir kein Stück Brot in den Mund schieben, wenn ich nicht mindestens eine Portion Schinken dazu esse. Ich schlucke meine Wut hinunter, bestelle ein Mineralwasser und warte mit meinem Freund auf sein Schnitzel.

Dass gerade Pommes mit Ketchup eines der am schwierigsten zu bekommenden Gerichte in dieser Stadt ist, bestätigt mir am nächsten Tag meine Kollegin, ebenfalls Vegetarierin. Oft werden pure Pommes nur Stammgästen serviert, und das auch nur, wenn der richtige Kellner Dienst hat und bei guter Laune ist. Ob ich einen solchen Status jemals erreichen werde? Klüger ist es auf jeden Fall, immer einen Müsliriegel in der Handtasche zu haben, wenn man als Vegetarier in Prag essen geht – es sei denn, man besucht ein bekennendes veganes oder vegetarisches Restaurant. Davon gibt es einige. Man kann also nicht behaupten, dass der Gedanke des Fleischverzichts noch nicht in der tschechischen Hauptstadt angekommen sei. Aber man geht hier eben vegetarisch essen wie man an anderen Tagen indisch oder vietnamesisch oder italienisch essen geht, in ein ausgewiesenes Restaurant, in dem nichts anderes auf den Tisch kommt. Dass zwei oder mehr Menschen miteinander eine Gaststätte besuchen, von denen einer kein Fleisch essen möchte und die anderen schon – auf ein so verwegenes Szenario sind viele Wirte nicht vorbereitet.

Zwei Wochen später fuhr ich nach Deutschland. Warum ich mich auf die Stelle beworben hatte, wusste ich selbst nicht so recht. Mein Vertrag in Prag lief noch bis Herbst, und ich konnte mir nicht vorstellen, die Redaktion, meine Kollegen, meine Wohnung mit der Betthöhle und überhaupt die ganze Stadt früher zu verlassen als geplant. Wäre da nicht der Typ in Deutschland gewesen. Es fühlte sich so gut an, in seiner Nähe zu sein. Das Einzige, was ihn störte, sei die Distanz, hatte er einmal gesagt. Ich glaubte ihm. Dass feste Redakteursstellen für Journalisten ausgeschrieben werden, noch dazu in Nordbayern, in seiner Nähe, hielt ich für so unwahrscheinlich, dass ich die Stellenanzeige nicht ernst nahm. Nicht einmal als ich die Bewerbung losschickte. Erst als mich die Sekretärin der Personalchefin anrief, um mich zum Vorstellungsgespräch einzuladen. Mein Handy hatte in der Redaktion geklingelt, an einem Dienstag, kurz vor Redaktionsschluss im größten Trubel. Danach konnte ich ein paar Minuten nicht klar denken. Eine Einladung zum Vorstellungsgespräch. Wow. Schon so oft habe ich mich bei dieser Zeitung beworben, erst um ein Praktikum, dann immer wieder um ein Volontariat. Aber alles, was sie von mir wollten, war meine freie Mitarbeit. Gute Texte und passable Fotos für wenig Geld und null Sicherheit. Und jetzt habe ich die Chance auf eine Redakteursstelle. In der fränkischen Pampa zwar, wo es wahrscheinlich zu den Höhepunkten des Jahres gehört, wenn am Dorfplatz von Großhinterkleinvorderding ein Baum umfällt. Aber eine richtige Redakteursstelle. Mit Krankenversicherung und bezahlten Urlaubstagen. In Deutschland.

Als ich in Nürnberg aus dem IC-Bus stieg, war meine Euphorie noch groß. Ich versuchte, ganz fest damit zu rechnen, dass das Vorstellungsgespräch schiefgehen würde, damit ich hinterher nicht so enttäuscht über die Absage wäre. Aber als ich meinen Freund sah, zuckte ich zusammen. Er lächelte fast wie immer, sah aber ein wenig gequält dabei aus. Er nahm meine Tasche und meine Hand, wollte nicht sagen, was los ist. Er hatte Nudeln mit Tomatensoße für mich gekocht, ich aß auf und fragte noch einmal. Wieder keine Antwort. Ich ging ins Bett, er war noch im Bad, ich wartete. Und wartete. Er brauchte lange und ich spürte ein Stechen im Bauch. Endlich kam er ins Schlafzimmer, legte sich neben mich, starrte an die Decke. Er sprach noch immer nicht mit mir, ich ging – aus Erfahrung wohl – sofort vom Schlimmsten aus. Liebst du mich nicht mehr? Schweigen. Seit wann? Zum ersten Mal machte er wieder den Mund auf, um etwas zu sagen. Er zögerte. Seit ein paar Tagen. Es sei einfach weg, das Gefühl.

Die nächsten acht Stunden fühlte es sich an, als würde mir ununterbrochen jemand in den Magen treten. Ich verbrachte die halbe Nacht im Bad, die halbe Nacht auf seiner Couch. Geschlafen habe ich nicht. Auch in den nächsten

Tagen und Nächten nicht. Nur gegrübelt und geheult. Bis mir irgendwann das Vorstellungsgespräch wieder einfiel. Die Stelle in seiner Nähe wollte ich jetzt auf keinen Fall mehr. Und meine Augen waren so geschwollen, dass ich mich im Spiegel kaum wiedererkannte.

Im Büro der Personalchefin konzentrierte ich mich so sehr darauf, nicht loszuheulen, dass ich hinterher keine Ahnung mehr hatte, worüber wir gesprochen haben. Nur eine Frage ist mir in Erinnerung geblieben. „Haben Sie ein Problem mit Männern?" So oder so ähnlich hat sie es formuliert. Ja, dachte ich, und was für eines. Ich glaube ihnen kein Wort mehr, diesen Heuchlern, Idioten, skrupel- und gefühllosen Kerlen, die uns das Blaue vom Himmel versprechen, schamlos anlügen und dann ... „Nein", sagte ich. Dass in der Redaktion nur Männer arbeiteten, sei überhaupt kein Problem für mich.

Ich rannte zum Bahnhof. Erst in zwei Stunden sollte mein Bus nach Prag fahren, aber ich hielt es keine Minute länger in dieser Stadt, in diesem Land aus. Ich wollte einfach nur weg, nach Prag, nach Hause. Vor dem Bahnhof stand ein Bus nach Prag, für den ich keine Fahrkarte hatte. Ich versuchte mein Glück beim Fahrer. Erst sachlich, ich habe ja ein Ticket, und ob ich jetzt mitfahre oder zwei Stunden später mit seinem Kollegen, das sei doch egal – dann verzweifelt, ich müsse unbedingt ganz dringend nach Prag. Keine Chance ohne gültiges Ticket. Abfahrt in zwei Minuten. Wieder rannte ich, diesmal in die Bahnhofshalle zu den Schaltern. Ohne zu wissen, ob der Bus nicht schon losfuhr, kaufte ich noch ein Ticket, obwohl das doppelt so viel kostete wie das Sparticket, das ich bereits hatte. „Das wird aber knapp", sagte die Frau von der Bahn. Ich nickte, zahlte, drehte mich um. Rannte. Und stieg in den Bus, kurz bevor der Fahrer den Motor anließ. Es tröstete mich diesmal fast ein bisschen, dass mich nach gut eineinhalb Stunden mein Handy „Willkommen in Tschechien" hieß.

In meiner Wohnung beseitigte ich erst einmal alle Spuren, die mich an ihn erinnerten. Ich warf ein schwarzes T-Shirt und zwei Paar Socken in die Restmülltonnen unten im Hof, riss ein Foto in kleine Fetzen und spülte sie im Klo runter. Den MP3-Player, den er mir geschenkt hatte, wollte ich am nächsten Tag in der Arbeit in irgendeiner Schublade verstecken, die Pralinen, die ich von seinen Eltern zu Weihnachten bekommen hatte, meinen Kollegen andrehen.

Das Einschlafen klappte in Prag besser als in Deutschland. Vielleicht auch, weil es kurz vorher noch an der Wohnungstür geklingelt und meine Vegetarier-Kollegin mit einer Flasche Becherovka vor mir gestanden hatte. Frühstücken dagegen funktionierte auch in Prag nicht. Ich versuchte, ein halbes Stück Zwieback zu essen, bevor ich zum ersten Termin musste. Als wäre mir nicht schon mulmig und düster genug zumute, habe ich mich noch vor meiner Reise nach Deutschland zu einer Besichtigung der Prager Unterwelt angemeldet.

Als ich den Treffpunkt im Zentrum erreiche, meine ich, mich verlaufen zu haben. Das Haus sieht aus wie alle anderen in der Straße: Altbau mit hohen Fenstern und renovierter Jugendstilfassade; Fenster und Balkon sind mit Ornamenten verziert. Aber es sind noch andere Besucher da, die irritiert bis verlegen vor der Tür rumstehen. Zwei junge Pärchen sind dabei – natürlich Pärchen! Glückliche Pärchen auch noch, eine der beiden Frauen ist schwanger – was sieht man sonst, wenn man mit Liebeskummer durch die Stadt läuft? Ich versuche, nicht auf die glücklich Verliebten zu achten und starre stattdessen die beiden älteren Männer an, die sich auch für die Kabel im Untergrund interessieren. Gut neunzig Kilometer umfasst das Tunnel-Netz, rund achtzehn Kilometer davon verlaufen im Zentrum. Egal, ob man vor dem Rudolfinum steht oder am Wenzelsplatz: Unter Straßenbahngleisen, Asphalt und Pflastersteinen erstrecken sich überall die Kabeltunnel, die auf Tschechisch *kolektory* (Kollektoren) genannt werden. Fünf bis 45 Meter tief in die Erde eingegraben und stellenweise so groß wie die Röhren, durch die die *metro* rauscht, bieten sie Platz für alles, was die Stadt zum Leben braucht: Telefon- und Datenleitungen, Rohre für Trinkwasser und Erdgas, Stromkabel. Bestimmt noch mehr, aber ich komme nicht mehr mit. Mein Magen knurrt. Ich müsste mal wieder etwas anderes als Zwieback essen, denke ich und nicke dem Techniker, der die Führung macht, wissend zu. Ich verstehe nur jedes zweite Wort und schreibe irgendwas auf meinen Block. Wer mit in die Tiefe möchte, darf weder unter Höhenangst noch unter Klaustrophobie leiden. Mit grünem Schutzhelm und gelber Leuchtweste ausgestattet steige ich mit den anderen Besuchern in einen Aufzug. Ich halte die Luft an, mir ist übel. Nach wenigen Sekunden öffnet sich die Tür im vierten Untergeschoss, etwa dreißig Meter unter der Erde.

Unten sieht es aus wie in einem Bergwerk. Ich hasse Bergwerke. Trotzdem habe ich vor ein paar Monaten in Österreich eines besichtigt, meinem Freund, also jetzt Ex-Freund, zuliebe. Schon wieder habe ich nicht richtig zugehört, was der Techniker erzählt. Wir fahren mit einem kleinen Zug, genau wie im Bergwerk. Links und rechts rauschen metallene Rohre und Halterungen vorbei. Das blecherne Scheppern schmerzt in den Ohren, es riecht leicht modrig. Nach ein paar hundert Metern ist die Fahrt Gott sei Dank zu Ende. „Wir befinden uns jetzt unter der Nationalbank", erklärt der Techniker und zeigt, wo Stromkabel und Trinkwasserrohre verlaufen. Obwohl hier auch überall Telefonleitungen liegen, ist es mit der Kommunikation im Tunnel nicht so einfach. Tief unter der Erde funktionieren weder Funk- noch Handynetz, deswegen ist alle fünfzig Meter ein Telefon mit Kabel installiert. Für die Orientierung sorgen grüne Schilder, die die Entfernung zum nächsten Notausstieg anzeigen, und Wegweiser mit Aufschriften wie „Pulverturm" oder „Altstadt". Lustlos mache ich ein paar Fotos. Das Licht ist natürlich schlecht. Ondřej wird schimpfen.

Wir laufen und laufen, jetzt geht es um die Geschichte des Tunnelsystems. „Im 19. Jahrhundert ein erstes Netz in London eingeweiht", kritzle ich auf meinen Block, „dann Zürich, Berlin". In Prag wurden die ersten Kollektoren in den Siebzigerjahren in den größeren Vorstadtsiedlungen angelegt. Während in den damals neu entstehenden Siedlungen problemlos erst die Tunnel gegraben werden konnten, wurde das Netz unter der Altstadt mit weit größerem Aufwand im Nachhinein unter den bestehenden Gebäuden errichtet. Schon eine gute Stunde ist unter der Erde vergangen. Wir sind mehrere Industrieleitern hinauf- und andere wieder hinuntergestiegen, um die unterirdischen Höhenunterschiede zu überwinden. Deshalb am Anfang der Satz mit der Höhenangst. Meine Knie zittern. Ich brauche Zwieback, bald.

Ich bin kurz davor, mich auf den Boden zu setzen und loszuheulen, aus Liebeskummer, vor Hunger und Appetitlosigkeit, aus Wut auf alle Ungerechtigkeiten dieser Welt, als ich plötzlich ein kleines Licht am Ende des Tunnels sehe. Der Gang wird breiter, aus den Leitern werden Stufen und ein paar Sekunden später öffnet der Techniker uns eine Tür. Wir stehen mitten in einem Einkaufszentrum.

Den ganzen Nachmittag versuche ich in der Redaktion, nicht loszuheulen. Meine Erinnerungen an die Führung sind vage, meine Notizen kaum lesbar. Meine Kollegen haben frei, sind krank oder haben andere Termine. Nur ein Praktikant sitzt mir gegenüber. Ich bemühe mich, ihn nicht anzuschauen, nicht von ihm angesprochen zu werden und an irgendwas Schönes zu denken. Ich checke meine E-Mails. Facebook. WhatsApp. Keine Nachricht.

Dann taucht plötzlich Ondřej auf und fragt, ob ich mit ihm *na pivo*, „auf ein Bier", gehen würde. Meine dunklen, verwackelten Fotos kommentiert er nicht. Er sieht mir wohl an, dass ich das heute nicht verkraften würde. Noch mehr als die Vorstellung, den ganzen Abend von ihm zugetextet zu werden, schreckt mich die Vorstellung, allein zu Hause zu sitzen und zu warten, ob mein Handy irgendeinen Ton von sich gibt. Also sage ich zu. Ich muss ja kein Bier trinken. Schnaps geht auch. Oder Wein. Oder einfach Wasser. Eine gute Stunde später bestellt Ondřej einen *utopenec* (wörtlich: „Ertrunkener"). Die fettige, in Zwiebeln und Essig eingelegte Speckwurst ist eine dieser zweifelhaften tschechischen Spezialitäten, die ich wahrscheinlich nie probieren werde. Allein beim Gedanken daran zieht sich mein Magen zusammen. Da sagt der Kellner mit todernster Miene einen Satz, der mich zum ersten Mal seit Tagen wieder zum Lachen bringt. *Utopenci dneska bohužel nejsou.* Ertrunkene gibt es heute leider nicht.

Februar
Kämpfer und Bafler

Ich habe jetzt eine Matratze. Es war überhaupt nicht schwierig. Ich bin einfach ins nächste Matratzengeschäft gegangen, in einer Straße, in der ich nie ein Matratzengeschäft vermutet hätte – mit Blick auf Moldau, Burg und Karlsbrücke, ein paar hundert Meter vom Nationaltheater entfernt. Potenzielle Laufkundschaft: Tausende Touristen am Tag in der Hochsaison, im Februar ein bisschen weniger. Wer hierherkommt, um eine Matratze zu kaufen, ist mir schleierhaft. Mir kam die familiäre Atmosphäre in dem Laden jedenfalls gelegen. Es gab zwei Modelle, hart und noch ein bisschen härter, und beim Probeliegen wäre ich auf der zweiten Matratze fast eingeschlafen. Am liebsten wollte ich sie gleich mitnehmen. Ich habe mir schon oft ausgemalt, wie ich meine Matratze durch die Stadt schleppe, manchmal habe ich mir auch in der Straßenbahn überlegt, wie ich mit einer Matratze unterm Arm am besten ein- und aussteigen würde. Aber die Verkäuferin, die etwas Mütterliches hatte und mich bestimmt mit einer selbstgestrickten Decke zugedeckt hätte, wenn ich noch eine Weile liegen geblieben wäre, schüttelte freundlich den Kopf. Nein, das sei ein Ausstellungsstück. Ich müsse ihr die Maße nennen, dann werde meine Matratze in der richtigen Größe extra für mich angefertigt. Sie sagte etwas von Kaltschaum und atmungsaktiv und elastisch, und mir fiel erst später beim Einschlafen ein, dass ich gar nicht wusste, was Kaltschaum und atmungsaktiv auf Tschechisch hieß. Trotzdem war ich mir sicher, dass sie mir gerade eine atmungsaktive Kaltschaummatratze verkaufte, die extra für mich angefertigt würde. Und die mir innerhalb weniger Werktage nach Hause geliefert würde – sogar ganz ohne Aufpreis. Ich unterschrieb sofort das Bestellformular und zahlte im Voraus. Fünf Tage später klingelte zur vereinbarten Uhrzeit der Matratzenmann an meiner Tür, und als ich ihm unten im Treppenhaus öffnete, bot er von selber an, sie mir noch bis in die Wohnung zu tragen. Ich schwor mir, mich nie wieder über die mangelnde Kundenorientierung hierzulande zu beschweren. Oder mir künftig öfter eine neue Matratze zu bestellen, statt in irgendeiner Gaststätte eine Portion Pommes mit Ketchup.

Gerne hätte ich mich gleich hingelegt, aber in der Redaktion wartete eine komplett leere Seite neun auf mich. Seite neun ist meine Lieblingsseite. Darauf gibt es jede Woche eine große Reportage – viel Platz, um eine gute Geschichte zu erzählen. Die Recherchen dafür sind meistens die spannendsten. Sie haben mich schon auf die Prager Windhunderennbahn geführt, zu einem Gaslaternenanzünder und zu einem der bekanntesten Prager Geigenbauer. Ich habe einen Burgwächter gefragt, wie es eigentlich ist, den ganzen Tag da rumzustehen, und was er macht, wenn die Nase juckt. Das ist übrigens kompliziert: „Wenn es tatsächlich akut ist, wenn man sich zum Beispiel schnäuzen muss, können wir ein Signal geben", hat er geantwortet, in ziemlich steifer Bürokratensprache: „Wir stoßen dreimal mit der Waffe auf den Boden, damit die zweite Wache Bescheid weiß. Dann treten wir beide zurück und gehen kurz ins Wachhäuschen, um uns im Verborgenen wieder zurechtzumachen. Wenn wir bereit sind, stoßen wir wieder mit der Waffe auf den Boden, das ist dann das Zeichen für den anderen, dass wir wieder auf unsere Position zurückkehren können." Das war ungefähr das Interessanteste, was er mir – in Anwesenheit des Pressesprechers und seines Vorgesetzten – erzählte. Vom Bekannten eines entfernten Verwandten eines Freundes erfuhr ich ein paar Monate später, wie es wirklich zugeht bei der Burgwache: Es sollen dort Wetten unter den Soldaten laufen, wer es schafft, während seiner Schicht eine Runde durch die Kneipen in Burgnähe zu drehen und überall mindestens ein Bier zu trinken, ohne erwischt zu werden – kein Wunder, dass es politische Aktivisten neulich geschafft haben, die Standarte des Präsidenten vom Dach der Burg zu holen und gegen eine riesige rote Unterhose auszutauschen.

Auch ich bin in Prag schon auf ein Dach geklettert, allerdings nicht auf das der Burg (obwohl ich durchaus gelegentlich Lust verspüre, dort eine Unterhose zu hissen), sondern um für Seite neun einen Großstadtimker zu treffen, der seinen Honig auf dem Dach einer Bank erntet. Ein paar Wochen später habe ich Tschechiens erstes Blindenpony kennengelernt, das Sehbehinderte sogar in die U-Bahn begleitet. Außerdem habe ich einen lettischen Bäcker interviewt, der mit japanischen Rezepten die hiesige Brotkultur revolutionieren wollte (erfolglos leider, mittlerweile befindet sich in der ehemaligen Bäckerei ein Schnellimbiss). Blöd ist nur, wenn man mal keine Idee hat, womit man diese ganze Seite füllen könnte. Dann wird aus dem leeren Blatt ein großes Loch im Kopf, das beim Einschlafen wie beim Aufwachen alle Gedanken einsaugt, aus der Lieblingsseite wird die Horrorseite.

In den ersten Wochen musste ich nur irgendwo durch die Straßen laufen und hatte tausend Ideen. Aber seit ein paar Tagen kreisen meine Gedanken ohne brauchbares Ergebnis. Jetzt ist schon Montag, ein Tag vor Redaktionsschluss, und ich bin auf dem Weg in die Redaktion. Mein Kopf ist so leer wie mein Magen. Vielleicht mal wieder was mit Tieren? Oder mit Kindern? Bei der Haltestelle Jindřišská steige ich aus und warte auf die Straßenbahn mit der Nummer neun. Oder was über Türme? Die Straßenbahn? Die Neun kommt nicht, also gehe ich missmutig an den Schienen entlang zum Hauptbahnhof, wo ich ein bisschen außer Atem stehenbleibe. Neben einem „kubistischen Kiosk" – so steht es auf einer Infotafel, an der ich schon zigmal vorbeigegangen sein muss. Aber was soll denn das sein, ein kubistischer Kiosk? Das Gebäude erinnert mich an das Hexenhaus von Hänsel und Gretel. Aber mich lockt niemand hinein. „Komme gleich wieder", steht an der Tür. Ich fahre erstmal in die Redaktion und suche im Internet nach Informationen. Viel finde ich nicht, also fahre ich zurück. „Guten Tag, ich bin Journalistin und würde gerne etwas über diesen Kiosk schreiben", stelle ich mich vor. Der Mann hinter der Ladentheke schweigt zurückhaltend, ein wenig skeptisch. Super, denke ich, bin kurz davor, wieder zu gehen, aber ich brauche bis heute Abend dringend eine Geschichte. Also frage ich weiter, und frage und frage. Bis der Mann plötzlich lächelt und mein Tschechisch lobt. Jetzt habe ich gewonnen, jetzt will er sich mit mir unterhalten.

Er heiße Zdeněk, sagt er, und kenne vier Kategorien von Kunden. „Es gibt die internationalen Touristen und die tschechischen Reisenden, die Leute, die hier arbeiten, und die Leute, die hier nicht arbeiten." Dann schweigt er bedächtig und wartet auf die nächste Frage. Und welche sind ihm am liebsten? „Das sind die treuen Kunden, und die mit guter Laune." Hunderte Kunden bedient er täglich, knapp ein Drittel, schätzt er, sind Stammgäste: Geschäftsleute mit ledernen Aktentaschen ebenso wie Obdachlose, die ihren gesamten Besitz in einer abgewetzten Plastiktüte mit sich tragen. Dass sie ihren Tabak oder ihre Zigaretten, ihre Fahrkarte für die Straßenbahn oder ihren Kaugummi in einem ganz besonderen Kiosk kaufen, interessiert nicht viele.

Zdeněks Arbeitsplatz ist Prags einziger Kiosk im Stil des Rondokubismus und steht unter Denkmalschutz. Der Rondokubismus, erklärt er mir, sei eine besondere tschecho-slowakische Ausprägung des Kubismus und zeichne sich unter anderem durch runde Ornamente und die tschechischen Nationalfarben Rot, Weiß und Blau aus. Die Farben Rot und Weiß finden sich auch an der Fassade des Kiosks, in dem Zdeněk steht. Sieben Tage die Woche. Auf der Ladentheke liegt ein Krimi-Heftchen mit dem Titel „Der Mann, der zweimal starb" neben dem Prager Kulturprogramm für Februar. „Dieser Bau ist zauberhaft, man kehrt in der Erinnerung in die Jahre der Kindheit zurück, als man das Märchen mit dem Pfefferkuchenhäuschen gelesen hat", sagt Zdeněk. Ein Kunde kommt herein, ein Deutscher mit Birkenstocksandalen und dunklen Socken, die Digitalkamera in der Brusttasche. „Zwei Fahrkarten bis zur Station Anděl" verlangt er auf Deutsch, Zdeněk antwortet in derselben Sprache.

„Nicht alle spüren den Zauber", flüstert er, als der Kunde den Kiosk verlässt. Aber manchen sei es bewusst, dass sie in einem Denkmal einkaufen. Wenn Zdeněk das merkt, kramt er etwas aus einem Korb hinter der Theke hervor. Eigentlich hatte er mit Kunstgeschichte nichts am Hut. Schach und Briefmarken waren seine Hobbys. Aber als er vor acht Jahren hier Mieter wurde, hat er sich „in die Thematik eingearbeitet", wie er es formuliert. Mit einem befreundeten Fotografen zusammen hat er eine Postkartenserie herausgegeben, die jedes Jahr erweitert wird. Der Kiosk ist darauf neben berühmten Motiven wie der Karlsbrücke, dem Moldauufer oder der Prager Burg abgebildet. Wer sich für die Geschichte des Kiosks interessiert, dem schenkt Zdeněk eine Postkarte. Ich bekomme gleich die ganze Serie.

Draußen überquert eine junge Frau die Straße. Als sie auf den Kiosk zukommt, greift Zdeněk nach einer Packung Zigaretten und legt sie auf den Verkaufstisch, noch bevor die Frau den Laden betritt. Sie gehört offenbar zur Kategorie der Kunden, die in der Umgebung arbeiten. Sie legt das Geld hin, lächelt, es wird kein Wort gesprochen, vielleicht ein leises *díky*, das aber eher durch ein Nicken angedeutet wird. Ein kurzer Blickwechsel ersetzt das *na shledanou*. Sie habe einmal ihren Schlüsselbund hier liegen lassen, erinnert sich Zdeněk, als sie schon wieder weg ist. „Das war um die Mittagszeit. Erst abends kam sie wieder, um ihn abzuholen." Von manchen Stammkunden weiß er nur, welche Tabakmarke sie rauchen oder welche Kaugummisorte sie mögen. Von anderen kennt er die ganze Lebensgeschichte. „Wenn die Leute Sorgen haben, ist man hier manchmal auch ein bisschen Psychologe." Er holt eine Tüte mit Keksen unterm Tresen hervor. „Weil hier hinten gleich ein Park ist", sagt er. Für die Stammkunden? „Für die Hunde der Stammkunden."

Über die Entstehung des Kiosks und seine Vorgeschichte kann Zdeněk nur spekulieren. Belegt ist dagegen, dass es Anfang der Achtzigerjahre des vergangenen Jahrhunderts schlecht um den Bau stand, er war stark zerstört, sollte abgerissen werden. Doch auf Initiative staatlicher Denkmalschützer wurde er gerettet und restauriert, „besser als die Karlsbrücke", wie Zdeněk findet. Aber mit seinen großen weißen Flächen lockt der Kiosk immer wieder Sprayer an. Kaum ist die Fassade gereinigt und frisch gestrichen, beginnt das Spiel von vorn. Zdeněk macht die Graffitis immer wieder von neuem weg. Eine Sisyphusarbeit. Er seufzt, eine Touristin betritt den Kiosk, fragt auf Englisch, wo es „zum Fluss" geht. Er erklärt ihr den Weg. Deutsch, Englisch, Russisch, ein bisschen Französisch, ein bisschen Italienisch, zählt er auf und überlegt. Slowakische und polnische Kunden versteht er auch. „Auf Japanisch kann ich nur danke sagen." Damit ist er vorsichtig, seit er sich einmal bei Kunden, die er für Japaner hielt, höflich in deren Landessprache bedanken wollte. „Korea", haben sie ihm geantwortet.

Er habe sich wohl in den Kiosk verliebt, gesteht Zdeněk. Obwohl er manchmal müde ist, lässt er sich nicht gerne vertreten. Denn mit den Leuten sei es wie bei einer Lotterie, mit dem Vertrauen so eine Sache. Der Kiosk mit seinem besonderen Baustil sei nur das eine. „Das andere ist die Beziehung zu den Kunden." Gibt es eine ganz besondere, von der er erzählen möchte? Eine junge Russin mit spitzen Lackschuhen kommt herein, nuschelt ein kaum hörbares *dobrý den* und fragt halb auf Russisch, halb auf Tschechisch nach zwei Fahrkarten. Als sie den Laden verlassen hat, sagt Zdeněk: „Das würde wohl ein Buch füllen."

Mir reicht schon eine Seite, die ich am späten Nachmittag samt Fotos an den Grafiker übergebe. Ich könnte nach Hause gehen und meinen Liebeskummer auf der neuen Matratze ins Kissen heulen. Da steht Ondřej plötzlich vor mir. Lust auf einen Spaziergang?

Spaziergang gehört auf die Liste der Wörter, die im wahren Leben plötzlich etwas ganz anderes bedeuten als im Wörterbuch. *Na pivo* – „auf ein Bier" heißt zum Beispiel niemals, dass tatsächlich nur ein Bier getrunken wird. Mit einem Spaziergang ist ungefähr genau der Weg bis zur Lieblingskneipe gemeint. Knapp zehn Minuten Fußweg von der Jeseniova bis U vystřelenýho oka, „Zum ausgeschossenen Auge" am Fuß des Vítkov-Hügels. Wer den Namen der Kneipe verstehen will, kommt nicht an ein bisschen Geschichte vorbei. Auf dem Vítkov, dem Veitsberg, befindet sich eine dieser vielen Prager Statuen, die aus einem Pferd mit einem Mann drauf bestehen. Man fragt sich meistens, welcher Wenzel das jetzt nun wieder ist: Der Wenzel (tschechisch Václav oder kurz Vašek) vom Wenzelsplatz, einst Herzog von Böhmen, der 929 oder 935 von seinem Bruder Boleslav erschlagen und später zum Landespatron und Nationalheiligen wurde? Wenzel I. aus der Dynastie der Přemysliden, im 13. Jahrhundert König von Böhmen? Oder Wenzel II., der ein paar Jahre später König von Böhmen wurde? Dessen Sohn Wenzel III.? Vielleicht aber auch Karl IV., 1316 in Prag geboren und ebenfalls auf den Namen Wenzel getauft? Gefühlt heißen sowieso alle Regenten hierzulande Václav. Dass auf die ersten beiden postkommunistischen Präsidenten Václav Havel und Václav Klaus ein Mann namens Miloš folgte, muss einem Fehler im System geschuldet sein.

Der Mann auf dem Vítkov jedenfalls heißt nicht Václav, sondern Jan, wie fast alle Tschechen, die nicht Václav heißen. Von den anderen Reitern unterscheidet ihn außerdem, dass er nur ein Auge hat, weil ihm das zweite ausgeschossen worden sein soll. Der einäugige Jan Žižka hat nicht nur der Kneipe, sondern dem ganzen Stadtviertel Žižkov seinen Namen gegeben. Um 1360 in Südböhmen geboren, wurde er ein Anhänger des Reformators Hus, der 1415 in Konstanz als Ketzer verurteilt und hingerichtet wurde, darüber hatte ich schon mit dem sympathischen Hussitenpfarrer und U-Bahn-Fahrer Martin gesprochen. Den Krieger Žižka, der später der wichtigste Heerführer der Hussiten wurde, hatte der Theologe allerdings nicht erwähnt. An diesem Abend werde ich langsam verstehen, warum das Hus-Denkmal auf dem Altstädter Ring in der schicken Altstadt steht, Tag und Nacht fast ununterbrochen umringt von Touristen, der einäugige Žižka aber hier über seinem Viertel thront. Hus hat gelehrt und gepredigt, nachdenklich und seriös sieht er auf Bildern aus, fromm und ein wenig langweilig irgendwie. Aber Žižka, der hat sich nicht unterkriegen lassen; mit Schwert und Pferd – und mit seiner Augenklappe – sieht er eher wie ein Pirat aus, und wie einer, mit dem man auch mal um die Häuser ziehen kann. In den Geschichtsbüchern steht das wohl nicht und wahrscheinlich auch in keiner theologischen Abhandlung. Aber wer einen Eindruck vom Geist der Hussiten bekommen möchte, meint Ondřej, der müsse ohnehin in Žižkov in die Kneipe gehen, nicht in eine Bibliothek.

Als wir das „ausgeschossene Auge" betreten, sind wir die einzigen im Raum, die gerade nüchtern sind. Der Blick des Wirts rät uns wortlos aber streng, diesen Zustand dringend zu ändern. Es riecht nach Fritteusenfett, zu viel Bier und zu viel Rauch, der wahrscheinlich nicht nur von Zigaretten stammt. Noch vor ein paar Wochen hätte ich eine solche Kneipe nicht betreten. Oder nur auf Zehenspitzen und die Luft anhaltend. Bestimmt aber hätte ich mich nicht hingesetzt, nichts angefasst und ganz sicher nichts getrunken. Jetzt versuche ich, nicht in die dreckigen Ecken zu schauen und unterdrücke den Wunsch, nach einem feuchten Lappen zu fragen, um wenigstens den Tisch mal abzuwischen. Ondřej bestellt ein Bier. Ein halber Liter Pilsner kostet 36 Kronen, Wasser wäre mit 30 Kronen für 0,3 Liter deutlich teurer – aber ohnehin keine Option. Ich erhasche einen Blick auf das Spülbecken, in das der Wirt die Gläser nur mal kurz eintaucht. Am vernünftigsten ist es, hier einen Schnaps zu trinken. Je hochprozentiger der Alkohol, desto höher die Chance, dass sämtliche Bakterien abgetötet werden, bevor sie in meinen Magen gelangen.

Die Hussiten seien Helden gewesen, weil sie gegen die Obrigkeit aufbegehrten, sagt Ondřejs Freund Honza, der irgendwann bei uns am Tisch sitzt und wie die meisten Tschechen mit keiner Kirche was am Hut hat. (Auch Honza heißt eigentlich Jan, aber alle Jans werden von Freunden und Kollegen Honza genannt.) Mutig und unbeugsam wie die Hussiten, so ist man auch heute noch in Žižkov. Zumindest wenn man lang genug ins Bierglas geschaut hat. Auch er lasse sich nichts vorschreiben, meint Honza nach dem dritten oder vierten Bier. *Za komunismu* habe er als Lehrer an der Kunstakademie mal einen Schüler ablehnen sollen, weil dieser zu kritisch war, aber er habe sich für ihn eingesetzt. Ein, zwei Gläser später erzählt er, wie er – noch immer *za komunismu* – eine Führungsposition in einem Werk innehatte. Seine Aufgabe sei es gewesen, die anderen Arbeiter zu beurteilen. „Man erwartete von mir, dass ich wie meine Vorgänger jedem die gleiche Bewertung gebe. Aber das habe ich nicht gemacht. Ich habe geschrieben, wenn jemand faul oder besonders fleißig war." Noch ein, zwei Bier (zum Schluss nur noch in kleinen Gläsern) und der Held der aufrichtigen Arbeit Honza erzählt aus der nahen Vergangenheit. Im letzten Sommer sei es gewesen, da habe er mit seiner Freundin am Moldauufer getanzt. „Direkt nach der Arbeit, ich hatte alles noch in den Jackentaschen, Smartphone, Digitalkamera, iPod." Die Live-Musik sei gut gewesen und er so sehr in seinem Element, dass er einen Schritt zurück machte und dabei in die Moldau stürzte. „Es war gar nicht ungefährlich, allein wäre ich nicht mehr rausgekommen, wenn mir nicht jemand einen Rettungsring zugeworfen und mich herausgezogen hätte."

Ich habe nicht so oft Schnaps bestellt wie Ondřej und Honza Bier. Trotzdem dreht es mich jetzt ein bisschen, und ich weiß nicht so recht, was ich glauben soll und was nicht. Ich muss an den Schriftsteller Bohumil Hrabal denken und seine „Bafler", mit denen ich mich im Studium mal beschäftigt habe. Bafeln – Hrabal nennt es *pábení* – ist eine besondere Form der Kommunikation, die häufig in Kneipen vorkommt. Der Wahrheitsgehalt des Erzählten ist dabei nicht entscheidend, es kommt vielmehr darauf an, dass geredet wird. Hrabals Bafler haben einen guten Kern, sie sind keine bösartigen Lügner, höchstens Aufschneider, aber liebenswerte. Deswegen nimmt man ihnen ihre Bafelei auch nicht übel. An der Uni war es meistens recht einfach, die Bafler in den Geschichten zu identifizieren. Es war klar, dass sie gerade wahrscheinlich ziemlich flunkern und was sie hinter ihrem Gerede wohl verbergen wollen. Aber im wahren Leben – wie soll man da wissen, ob der Tscheche, der einem gegenübersitzt, gerade bafelt oder nicht?

Zum Glück war ich auf dem Weg zur Straßenbahn noch zu beflügelt vom Becherovka und zu Hause schon zu müde, um weiter darüber nachzudenken. Eine kleine Auseinandersetzung hatte ich nur noch mit der neuen Matratze, die sich nicht so einfach in mein Bett quetschen lassen wollte. 85 mal 1,90 hatte ich vorher ausgemessen – also eigentlich hatte ich bestimmt zehn Mal mit einem Papiermaßband von Ikea gemessen und bei jedem Versuch etwas anderes rausbekommen, dann aber beschlossen, dass 85 mal 1,90 die wahrscheinlichste Variante ist, denn wer baut schon ein Bett, das 82 oder 84 Zentimeter breit ist? Ich fluchte auf Tschechisch (*do prdele* und *ty vole* habe ich zwar nicht im Sprachkurs, dank Ondřej aber in der Redaktion gelernt). Irgendwann klemmte sie im Holzrahmen. Ich nahm mir noch vor, von nun an tapfer wie die Hussiten zu sein, oder besser noch wie Žižka, und niemals mehr wegen eines Typen zu heulen. Dann schlief ich wie ein Stein.

März

Mišmaš

Haben Sie unsere Bonuskarte? Sammeln Sie Aufkleber? Als ich die beiden Fragen im Supermarkt zwischen dem Karlsplatz und meiner Wohnung das erste Mal auf Tschechisch hörte, musste ich kurz überlegen, weil ich weder das Wort für Bonuskarte noch das für Aufkleber kannte. Seitdem habe ich so oft dort eingekauft, dass ich finde, die Damen, die dort schon mindestens seit meiner Ankunft in Prag arbeiten, könnten sich langsam mal merken, dass ich keine Bonuskarte habe und mir nichts aus diesen Aufklebern mache. Jedes Mal schüttle ich auf beide Fragen den Kopf oder sage, falls die Kassiererin nicht vom Förderband hochschaut, laut *ne*. Und ich ärgere mich immer ein bisschen, dass ich offenbar nicht als Stammkundin erkannt werde. Besonders wurmt mich das bei einer Frau, die ich auf Mitte zwanzig schätze und die fast immer an der Kasse sitzt, wenn ich einkaufe. Sie hat kurze schwarze Haare, ist schneller als ihre Kolleginnen, und ihr Akzent lässt mich vermuten, dass sie aus der Ukraine kommt. Wenn ich in der Schlange stehe, frage ich mich manchmal, wie es ihr geht, ob sie wohl Heimweh hat, ob sie eine von den ukrainischen Müttern ist, die ihre Kinder zu Hause bei den Großeltern lassen, um in Tschechien Geld für die Familie zu verdienen? „Haben Sie eine Bonuskarte?", fragt sie mich dann, ich schüttle den Kopf. „Und sammeln Sie Aufkleber?" Nochmal Kopfschütteln. Sie nennt den Betrag, ich krame meine Karte aus dem Geldbeutel, zahle wortlos und murmle *na shledanou* in meinen Schal. Sie erwidert es mit einem Kopfnicken.

Heute habe ich gute Laune, weil die Sonnenstrahlen langsam wieder Kraft bekommen und vorsichtig den Prager Frühling ankündigen, also beschließe ich, der wahrscheinlich ukrainischen Kassiererin mal einen schönen Abend zu wünschen. *Na shledanou*, sage ich, neutral wie immer, und schiebe freundlich *a hezký večer* hinterher – auf Wiedersehen und schönen Abend! Sie sieht mich an, ein wenig irritiert vielleicht. Sie lächelt. „Ihnen auch, machen Sie es gut!"

Manchmal ist es so einfach, Menschen eine kleine Freude zu bereiten, denke ich und packe Milch und eine Dose Tomaten in den Rucksack, als in der Jackentasche mein Handy vibriert. Es meldet sich ein ehemaliger Kollege, den ich lange nicht gesehen habe. Ich klinge wie das Unglück in Tüten, findet er, aber ich spreche nur mit gedämpfter Stimme, weil ich nicht durch den ganzen Supermarkt schreien will. Er arbeitet für einen deutschen Fernsehsender in Prag und bittet mich um einen Gefallen. Ein Redakteur aus Deutschland sei mit Kamera- und Tonmann unterwegs nach Prag. Die Herren wollen einen Beitrag über eine Neuauflage von Jaroslav Hašeks „Die Abenteuer des braven Soldaten Schwejk" drehen. Sie brauchen eine Dolmetscherin. Einen Plan für den Abend haben sie sich vorher schon zurechtgelegt: An einem Mittwoch um 18 Uhr wollen sie in eine „typisch tschechische" Kneipe gehen und dort Gäste über Schwejk ausfragen. Ob ich kurzfristig einspringen könnte?

Für die Dreharbeiten haben sie sich das Wirtshaus *U kalicha* („Beim Kelch") ausgesucht. Das mag zur Zeit, als

Böhmen noch zur Habsburger Monarchie gehörte und Hašek sein Buch über den Drückeberger Schwejk schrieb, eine Kneipe gewesen sein, in der man beim siebten Bier in Rauchschwaden über Gott und die Welt diskutierte. „Nach dem Krieg um halb sechs im Kelch" ließ Hašek seinen Anti-Helden sich mit seinen Saufkumpanen verabreden, bevor er ihn durch den Ersten Weltkrieg stolpern ließ – tollpatschig, trottelig, ein Simulant, aber doch mit Humor und immer ein bisschen schlauer als die, die über ihn lachen. Dem Fernsehteam erscheint es ganz logisch, dem Mythos Schwejk im „Kelch" auf den Grund zu gehen.

Was die Herren aus Deutschland nicht bedacht haben: In den vergangenen hundert Jahren sind die Uhren in Prag nicht stehen geblieben, der „Kelch" ist keine Kneipe mehr, in die der Durchschnittstscheche am Abend *na pivo* geht. Ein paar Indizien hätten sie schon vom Schreibtisch in Deutschland aus erkennen können: Das Wirtshaus hat einen Internetauftritt in tschechischer, englischer, deutscher, russischer und italienischer Sprache; es vertreibt Souvenirs mit kleinen Schwejks übers Internet; und man kann sogar online einen Tisch reservieren. All das hätte sie alarmieren müssen. Von den weißen Tischdecken, die auf den Fotos auf der Homepage zu erkennen sind, ganz zu schweigen. Und sie hätten ahnen können, dass es gut wäre, vorher zu fragen, ob man mit einer Kamera in eine Gaststätte reinspazieren und Aufnahmen machen darf.

Diese dankbare Aufgabe fällt nun spontan mir zu. Ich versuche, so charmant wie möglich auf den Kellner zuzugehen und ihn zu überzeugen, dass auch er von der Anwesenheit des Kamerateams profitieren könne. Ich schwindle ein bisschen. Dass das Restaurant nur Kulisse und womöglich im Beitrag nicht einmal zu erkennen sein wird, verschweige ich. Stattdessen behaupte ich, die Herren hätten von der wunderbar authentischen Atmosphäre hier gehört, sie drehten eine Reisereportage über Prag, und wenn die deutschen Zuschauer sehen würden, wo man tatsächlich noch wie einst Schwejk speisen und trinken könne, wäre das doch eine tolle Werbung. Der Kellner zuckt mit den Schultern. „Noooooo, ich weiß nicht", sagt er.

Mit *no* verhält es sich ähnlich wie mit *ne*, nur mit umgekehrten Vorzeichen. Bei *ne* ist ein kurzes „e" (gesprochen: „nä") meist ein schlechtes Zeichen. Das Nein ist dann definitiv, da ist nichts zu machen. Sagt der Gesprächspartner „neeeeeeeee" (gesprochen: „nääääääää"), kann es durchaus sein, dass er es sich noch einmal überlegt. *No* dagegen ist die Kurzform von *ano* und heißt „ja". Ich dürfe niemals *ano* sagen, sonst höre jeder sofort, dass ich Ausländerin sei, hat mir ein tschechischer Freund mal geraten. Seitdem versuche ich mich an der richtigen Länge des „o". „Nooooooo" bedeutet etwa: „Ja, ich könnte schon, aber ich weiß nicht so genau, ob ich will". „Nooo" heißt so viel wie: „Ich bin mir ziemlich sicher." Und ein kurzes „no" ist schon fast eine definitive Zusage.

Ich rede nochmal auf den Kellner ein, in der Hoffnung, dass das nächste „no" weniger „o" haben würde. „Nooo, da müssen Sie den Chef fragen, kommen Sie doch morgen wieder." Das war schon mal kein Nein. Aber morgen wollen die Fernsehleute noch ein Interview mit Karel Gott drehen und danach schnell wieder nach Deutschland. Ob er den Chef nicht vielleicht telefonisch erreichen könne? „Nooooo, schauen wir mal." Er verschwindet in die Küche. Kurz darauf kommt er wieder und hält mir einen Telefonhörer hin.

Ich erkläre nochmal das Vorhaben und versuche, durchs Telefon noch ein bisschen netter zu klingen. Die Fernsehzuschauer, versichere ich ihm, wären bestimmt begeistert, wenn sie sehen würden, wo der brave Soldat Schwejk ... „Na ja, schon gut", sagt er, wir müssten aber natürlich die Gäste fragen, ob es ihnen recht ist, wenn wir sie filmen.

Die Herren vom Fernsehen sind ganz begeistert, finden alles wunderbar typisch tschechisch, einer hält die Kamera auf ein volles Bierglas mit Schaumkrone, der Tonmann setzt Kopfhörer auf. Ob ich das Paar dort hinten fragen könnte, was es von Schwejk halte, fordert mich der Redakteur auf. „Tut mir leid, aber das sind keine Tschechen." Am Nebentisch sieht es nicht anders aus. Man hört Italienisch, Spanisch, Russisch, amerikanisches Englisch. Aber kein Tschechisch. „Wir warten ein bisschen", beschließen die Fernsehleute, bestellen Bier und filmen unterdessen eingelegten *hermelín* und zwei Musiker, die als Touristenattraktion verkleidet von Tisch zu Tisch ziehen. Mit Tuba, Akkordeon und historischen Kostümen sollen sie wohl an Schwejks Einsatz im Dienst der k.u.k. Monarchie erinnern.

Eine tschechische Familie finden wir schließlich doch noch. Sie feiern einen 70. Geburtstag, erzählen sie mir, deswegen gönnen sie sich heute mal was Besonderes. Und weil der Jubilar ein ganz großer Schwejk-Fan ist. Mit mir sprechen will er vor laufender Kamera nicht. Den Medien, meint er, könne man niemals trauen. Sie drehten immer alles so hin, wie sie es bräuchten, schnitten die Interviews zusammen und verfälschten die Aussagen. Das habe er schon oft gehört. Erst als ich ihm versichere, dass beim deutschen Fernsehen alles mit rechten Dingen zugehe und ich von der Arbeitsweise mancher tschechischer Kollegen auch nicht begeistert sei, willigt er ein. Er nimmt noch einen großen Schluck Bier, dann sagt er ins Mikrofon: „Für mich ist Schwejk ein Mustertscheche. Die Leute sollten sich heute einfach genau so verhalten, wie Schwejk sich verhalten hat. Er ist mein großes Vorbild." Ein Vorbild, das man nicht ganz ernst nehmen kann? Das sich durch überspitzte Unterwürfigkeit durchs Leben manövriert? Meint er das wirklich so? Ja, sagt er, Hašek habe gezeigt, wie zwischenmenschliche Beziehungen funktionieren, im Krieg und im zivilen Umfeld. „Wissen Sie, junge Frau, es wird bald 2000 Jahre her sein, dass Christus gekreuzigt worden ist, und trotzdem ist er nicht in Vergessenheit geraten. Mit Hašek wird es genauso gehen, sein Schwejk wird immer aktuell bleiben." Die Herren vom Fernsehen sind mit der Antwort nicht ganz zufrieden und wollen in eine Kneipe, in der sie noch mehr „typische Tschechen" interviewen können.

Mir fällt gerade beim besten Willen nichts Tschechischeres ein als das *Nad Viktorkou* in Žižkov, eine dieser Kneipen, in denen ich freiwillig niemals etwas essen und vorsichtshalber nur Hochprozentiges trinken würde. Den Fernsehleuten tränen erst einmal die Augen, so dicht ist der Rauchnebel, der uns entgegenkommt, als wir die Tür öffnen. Jemand zapft sich gerade ein Bier und setzt sich damit an einen Tisch, ein Mann mit großem Bauch und grauem Stoppelbart schüttet Schnaps in und neben eine Handvoll Gläser. Es ist schwer zu sagen, wer hier Gast ist und wer Wirt. Ich quatsche den Mann mit dem großen Bauch an. Aus seiner Antwort geht nicht hervor, ob er der Chef ist, aber zumindest stört es ihn nicht, wenn das Fernsehen ein paar Aufnahmen macht, „noooo, jooooo", sagt er nur. Ähnlich verlaufen die Interviews. „Schwejk ist für mich ein

Nationalheld", erklärt ein Gast. „Er verkörpert absolut das Tschechische, das in jedem von uns steckt." Ein anderer meint: „Wir Tschechen halten Gott sei Dank noch an der Tradition fest, wir sitzen zusammen in der Kneipe, unterhalten uns, entspannen uns und trinken das gute tschechische Bier."

Irgendwann reicht es mit den Interviews, und die Fernsehleute fragen mich, wo man denn im Zentrum feiern gehen könne, sie hätten was vom *Karlovy lázně* gehört, dem angeblich größten Musikclub Mitteleuropas – wobei Mitteleuropa bei solchen Superlativen oft ein dehnbarer (oder eher schrumpfbarer) Begriff ist. Je nachdem wie es gerade passt, können Deutschland oder Österreich mit dabei sein oder nicht; wenn es um das größte, schönste, älteste Irgendwas geht, ist Mitteleuropa aber oft auch einfach ein Synonym für Tschechien oder sogar nur für Böhmen (also Tschechien ohne die Regionen Mähren und Schlesien). Es ist nicht einmal auszuschließen, dass Mitteleuropa in Kombination mit so einem Superlativ soviel bedeutet wie Prag und Umgebung. Das *Karlovy lázně* habe ich nicht vermessen – ich war noch nicht einmal drin, erkläre ich den Fernsehleuten, die mich ungläubig anschauen. Wenn man hier lebt, versuche ich mich zu rechtfertigen, meidet man Orte mit betrunkenen Touristen gewöhnlich eher. Ich glaube, sie haben mich nicht ganz verstanden und sich auf den Weg ins Zentrum gemacht.

Ich will auch gerade nach Hause gehen, als plötzlich Honza aus dem „ausgeschossenen Auge" in der Tür steht. Ob ich nicht *na jedno* bleibe? Gemeint ist natürlich ein Bier. Zum Bleiben lasse ich mich überreden, zum guten tschechischen Bier noch immer nicht. Ich bestelle einen

Tequila mit Salz und Zitrone und irgendwann noch einen. Dem dicken Mann mit dem Stoppelbart gefällt das. Er setzt sich zu uns an den Tisch und spielt etwas auf seiner Mundharmonika. Dann erzählt er, dass er auch fürs Fernsehen gearbeitet habe, als Schauspieler. Er nennt Namen, die ich nicht verstehe und nicht kenne, die uns aber wohl beeindrucken sollen. „Mit denen zusammen habe ich gespielt." Honza sagen sie auch nichts; er meint aber, den Typen schon einmal in einer Serie gesehen zu haben. Oder war es ein Werbespot? Für Zahnpasta vielleicht? Der Fernsehstar geht wieder hinter den Tresen, zapft sich ein Bier und kommt mit drei Schnapsgläsern zurück, eines nimmt er selbst in die Hand, die anderen schiebt er uns zu. „Echter Božkov-Rum", sagt er. „Der geht aufs Haus."

Ich beherrsche die Bafel-Kunst noch immer nicht aktiv, aber ich habe mittlerweile verstanden, dass der Wahrheitsgehalt zweitrangig ist. Ich höre zu, nicke, lächle. Ab und zu sage ich *fakt?*, ein sehr verwundertes „tatsächlich", und nippe am Božkov, der gar nicht so schlecht schmeckt. Die Nachttram fährt hier alle halbe Stunde, aber immer wenn ich auf die Uhr schaue, ist eine gerade weg. So kommt irgendwann noch ein Božkov aufs Haus, und beim nächsten Blick auf die Uhr ist es auch für die letzte Nachttram schon zu spät. „Umso besser", findet Honza. „Dann können wir ja die erste Tagtram nehmen."

Das ist eigentlich sowieso die beste Taktik, überlege ich mir, als wir eine halbe Stunde später endlich in der Straßenbahn sitzen. Es macht mir zwar nichts aus, mit der Nachttram allein nach Hause zu fahren, richtig wohl fühle ich mich aber zwischen ein und vier Uhr nicht. In der Zeit sind die letzten Theater- und Konzertbesucher längst zu

Hause, auch Pärchen oder allein reisende Nüchterne sind kaum noch unterwegs. Schon oft saß ich gegen zwei oder drei Uhr in der Straßenbahn, wenn der Redaktionsschluss mal wieder länger dauerte, und mir fiel auf, dass ich die einzige Frau war und wahrscheinlich auch der einzige Passagier, der keinen Alkohol intus hatte. Ab vier Uhr war es besser, da fuhren die ersten Frauen zur Arbeit, die in einer Bäckerei arbeiteten oder Zeitungen verkauften. Oft hatten sie Dauerwelle und meiner Einschätzung nach schon das Rentenalter erreicht, genau wie die Oma, die bei mir im Haus wohnt. Manchmal grüßten sie sich auch beim Einsteigen, saßen wortlos eine Weile nebeneinander und wünschten sich beim Aussteigen gegenseitig einen schönen Tag. Wahrscheinlich wussten sie voneinander nicht mehr als ich über sie ahnte: dass sie jeden Morgen sehr, sehr früh mit der Tram zur Arbeit fuhren. Als ich jetzt an die Damen aus den letzten Nachttrams dachte, packte mich kurz das schlechte Gewissen. Während sie schon arbeiteten, fuhr ich erst vom Feiern nach Hause. Aber dann wirkte wieder der Schnaps, ich hörte Honza reden und nickte, bis ich irgendwann ausstieg, die letzten Meter zu Fuß ging und ohne Zähneputzen ins Bett fiel.

Die Kopfschmerzen am nächsten Morgen waren dumpf, die Redaktionskonferenz zum Glück erst mittags. Ich sollte ein Interview mit einem Kinobetreiber machen, den ich gleich nach der Sitzung anrief. Wann er denn Zeit habe, fragte ich und schlug ein Treffen am nächsten Tag vor: *Můžete třeba včera?* Nein, sagte er, da habe er keine Zeit, aber morgen könnte er es schon einrichten, nachmittags vielleicht? Erst da wurde mir klar, dass ich ihn gerade nicht gefragt hatte, ob er morgen, *zítra*, könne, sondern gestern, *včera*, ein Treffen vereinbaren wollte. Ich schob es auf die Kopfschmerzen, musste aber zugeben, dass mir solche Dinge ab und zu passieren, wenn ich ohne vorher zu überlegen einfach auf Tschechisch anfange zu sprechen. Ob die Nähe zu Deutschland *výhoda* oder *nehoda* sei, habe ich vor kurzem die Bürgermeisterin einer tschechischen Grenzstadt gefragt – ein Vorteil oder ein Unfall. Nachteil hätte *nevýhoda* geheißen. Sie hatte mich trotzdem verstanden, aber auch ein bisschen ausgelacht. Der Fehler war mir natürlich unangenehm, andererseits waren der Grenzort und ich damit auch etwa quitt. Denn ich hatte mich schon auf dem Weg vom Bahnhof zum Rathaus über eine Gaststätte lustig gemacht, die „Seelachfilet gebacken" und „Rostbraten nach Teufel Art (Schaft)" anpries, über ein Schild, das den „Eintritt in den Aussank" wies und einen Supermarkt, in dem es einer großflächigen Aufschrift zufolge „Souveniers" zu kaufen gab.

Und wahrscheinlich ist jeder meiner Fehler, über die ein Interviewpartner lachen muss, auch nur die gerechte Strafe für die Liste der absurden tschechischen Wörter, die ich in Gedanken fast täglich um ein bis zwei Ausdrücke verlängere. Auf einer Pressekonferenz habe ich neulich *propagační materiál* hinzugefügt. Natürlich ist es nicht falsch, Prospekte und Pressemitteilungen als „Propagandamaterial" zu bezeichnen, irgendwie ja sogar ehrlich. Aber wenn die Sprecherin eines Ministeriums mir zusichert, sie werde mir das *propagační materiál* zukommen lassen, klingt das in meinen vorbelasteten deutschen Ohren doch irgendwie ein bisschen nach Goebbels.

Ein – wie ich finde schöneres – Wort fiel mir auf, als Ondřej sich einmal bei mir nach dem Plan für die nächste

Ausgabe erkundigte. *Máš fárplán*, fragte er mich und ich war ratlos. Warum sollte ich einen Fahrplan haben? Er hatte keine Ahnung, dass er gerade einen Germanismus benutzt hatte, der seine Bedeutung im Laufe der Jahre ein wenig geändert hat, und wusste nicht, dass ich beim Wort *fárplán* automatisch an Züge dachte. Auch mit Interviewpartnern habe ich immer wieder die Erfahrung gemacht, dass ich sie angrinste, weil ich einen schönen Germanismus gehört hatte – sie aber nicht ahnten, was mich gerade erfreute. Er sei ein echter *fajnšmekr*, versicherte mir mal ein Koch, und seine frischen Zutaten bewahrte er in der *špajs* auf; ein Historiker sprach von *anšlus* und *glajchšaltování* (dass diese Begriffe im Wortschatz geblieben sind, fand ich aber eher tragisch als komisch), ein Politiker warf dem Präsidenten vor, er habe keine *kindrštube*, ein anderer wünschte seinen Kollegen im neuen Jahr ausreichend *sicflajš* (c wird wie tz gesprochen); ein Sportler meinte, die *mančaft* brauche einen *špílmachr,* und ein Sozialarbeiter sagte, man müsse Menschen in Not *helfnout.* Prinzipiell sollte man aufpassen, nicht an einen *hochštapler* oder unehrlichen *vekslák* („Geldwechsler") zu gelangen, sonst könnte es sein, dass einen der *šlak* trifft und dann wäre ganz schnell *šlus*, zumindest aber wäre man aus der *fasunk* gebracht oder könnte das *ksicht* verlieren.

Öfter als bei Pressekonferenzen und Interviews hört man solche Wörter in der Regel in der Kneipe. Sie sind vielleicht, so glaube ich manchmal, ein stiller Beweis dafür, dass es niemals gelingen kann, die Vergangenheit mit aller Gewalt zu verdrängen. Als die Deutschen nach dem Zweiten Weltkrieg vertrieben und abgeschoben wurden, war – verständlicherweise – alles verpönt, was an sie und ihre Sprache erinnerte. Aber die engen Kontakte zwischen Deutschen und Tschechen, die über Jahrhunderte bestanden hatten, ließen sich nicht einfach ausradieren. Man ging weiter aufs *hajzl* („Häusle" für Toilette) und *špacírovat*, fluchte *hergot*, wenn man seine *brýle* nicht fand. Und wenn *kunčaft* kam, machte man ein gutes *kšeft*.

Ich dachte noch eine Weile über das deutsch-tschechische *mišmaš* (auch dieses Wort existiert) in meinem Kopf nach, bevor ich nach Hause fuhr – klare Gedanken konnte ich heute ohnehin nicht zu Papier bringen. Auf dem Heimweg ging ich schnell in den Supermarkt, irgendein Gemüse besorgen. Ich entschied mich für Brokkoli, weil eine ältere Kollegin aus der Anzeigenabteilung neulich erzählt hatte, wie sie nach dem Fall des Eisernen Vorhangs zum ersten Mal in ihrem Leben Brokkoli gesehen und ihn für gefärbten Blumenkohl gehalten hatte. An der Kasse saß wieder die schnelle Kassiererin mit den kurzen schwarzen Haaren. „Haben Sie eine Bonuskarte?", fragte sie mich, und ich war schon wieder enttäuscht. *Ne*. „Und sammeln Sie Aufkleber?" *Ne*. Der Betrag, wortloses Zahlen, leises *na shledanou*. Da versuchte ich es einfach nochmal. *Hezký večer!* Wieder sah sie mich an, aber heute nicht irritiert, sondern gleich mit einem Lächeln. Ich meinte, ein ganz vorsichtiges Zunicken auszumachen. „Ihnen auch, machen Sie es gut!" Sie hat mich erkannt, da bin ich mir sicher.

Ich weiß noch, dass ich irgendetwas Deutsch-Tschechisches geträumt habe, aber nicht mehr, ob ich vom Scheppern der Holzlatten auf dem Parkettboden erschrocken bin oder erst, als mein Hintern unsanft auf dem Boden landete. Auf jeden Fall war ich hellwach, realisierte aber trotzdem nur langsam, was passiert war. Mein Bett stand noch, aber die Holzlatten waren durch den Rahmen gefallen, eine nach der anderen. Klack, klack, klack, und schließlich die Matratze mit mir drauf. Und nun? Draußen ging schon fast die Sonne auf, die Lösung des Bettproblems wollte ich aber trotzdem lieber noch ein paar Stunden verschieben. Ich packte meine Matratze, hievte sie auf den Boden, wo Platz war, und versuchte dort, den deutsch-tschechischen Traum weiterzuträumen.

April

Osterrutenemanzipation

Die Haare müssen ab. So lange es kalt war, hat es mich nicht gestört, dass meine dünnen, schwunglosen Fäden schon seit ein paar Wochen zu lang sind, die Kurzhaarfrisur rausgewachsen. Aber seit einigen Tagen ist die Frühlingssonne so stark, dass es mir draußen unter der Strickmütze zu warm wird. Ich kann den Frisörbesuch nicht mehr länger vor mir herschieben. Zum Frisör oder zum Arzt zu gehen – in einer neuen Stadt fand ich beides schon immer unangenehm. Krank bin ich zum Glück selten, aber zum Frisör muss ich doch allerspätestens nach ein paar Monaten. Dabei ist mir die erzwungene Konversation schon auf Deutsch meistens lästig. Worüber soll ich denn mit einem Frisör auf Tschechisch reden? Hilft aber alles nichts, wenn ich nicht bald nach Deutschland fahren will (will ich nicht), muss ich hier einen Frisör aufsuchen, am besten in der Nähe der Redaktion, damit ich das mal schnell in der Mittagspause erledigen kann. Auf dem Weg von der Straßenbahnhaltestelle zur Arbeit läge ein Hundesalon, der auch Tiertherapie anbietet. Ein paar Straßen weiter werden ebenfalls Haare geschnitten. Für 100 Kronen, umgerechnet nicht einmal vier Euro. Das ist mir suspekt. Den entscheidenden Tipp bekomme ich schließlich von meinem Kollegen Marek: Ich solle zu Jiří gehen, der versuche, ein wenig auf hip zu machen, sei es aber nicht, und dadurch ganz sympathisch. Marek ist Vegetarier und Radfahrer, in Bayern aufgewachsener Tscheche, dem kann ich bei der Prager Frisör-wahl wohl vertrauen.

Jiří weiß sofort Bescheid. Eine Kollegin von Marek, aha, bei der „Prager Zeitung". Wie es denn Marek gehe, ob sein Sohn jetzt schon ein Jahr geworden sei, will er von mir wissen. Ich habe kurz vorher noch nachgeschlagen, was Pony, Scheitel und gestuft auf Tschechisch heißt, das hätte ich mir aber sparen können, glaube ich, denn Jiří will über-haupt nicht über meine Haare mit mir sprechen. Vielmehr interessiert ihn, für welches Ressort ich bei der Zeitung zu-ständig bin und ob es mir in Prag gefällt, ob ich in Žižkov lebe und auch Vegetarier bin wie Marek. Als ich ihm – im Vergleich zu den Gesprächen, die ich mit anderen echten Pragern bisher geführt habe – schon fast mein gan-zes Leben erzählt habe, bringt er mich doch noch zum Waschbecken, massiert mir ausführlich den Kopf, spült das Shampoo gründlich wieder aus und fragt vor dem Spiegel: „Wie wollen wir die Haare denn schneiden?" Pony, Scheitel und gestuft waren nur in meinem Kurzzeitgedächtnis ge-speichert. Macht aber nichts, Jiří versteht trotzdem unge-fähr, was ich mir vorstelle. Hoffe ich zumindest.

Dann beginnt er zu schneiden und ich zu staunen. Noch nie habe ich einen Frisör mit so viel Hingabe arbei-ten sehen wie Jiří. Er schneidet quasi jedes Haar einzeln. Gleichzeitig konzentriert er sich aber so sehr auf unser Ge-spräch, dass er die Schere immer wieder absetzt und kurz innehält, wenn er glaubt, dass ich gerade etwas besonders Wichtiges erzähle oder wenn er selbst einen Halbsatz her-vorheben will. Über seine Hündin zum Beispiel. Die ist nämlich gerade trächtig und er ist deswegen schon ganz aufgeregt. Am Wochenende wird er mit ihr zu seinen Eltern aufs Land fahren, dort sollen die Welpen zur Welt kommen. „Ja, aber vorher müssten meine Haare noch fertig werden", würde ich gerne sagen. Irgendwann muss ich ja auch wieder in der Redaktion auftauchen, am besten heute noch. Aber Jiří ist so nett und hört so aufmerksam zu, dass ich ihm überhaupt nicht böse sein kann dafür, dass er mich hier mit nassen und halb geschnittenen Haaren festhält. Immer wenn ich denke, jetzt müsste es das doch langsam mal gewesen sein, nimmt er ein neues Werkzeug, eine noch feinere Schere, ein kleines Rasiermesser oder weiß der Geier was, um mal links noch ein halbes Haar drei Millimeter kürzer zu machen und mal rechts hinterm Ohr noch irgendeine Strähne auf die richtige Länge zu bringen. „Bitte nicht stylen, einfach nur trockenföhnen", hätte ich unter normalen Umständen spätestens an dieser Stelle gesagt. Aber nachdem ich Jiří im Spiegel fast zwei Stunden (trotz Kurzhaarfrisur, nur Waschen, keine Farbe!) bei der Arbeit zugeschaut habe, traue ich mich nicht, einen Mucks von mir zu geben.

Das Haareschneiden sei seine Berufung, hatte er kurz zuvor gesagt. Er wollte schon immer Menschen frisieren, machte aber erst Abitur und schloss eine Wirtschaftsschule ab, auf der man Bankkaufmann werden konnte. Er arbeitete auch eine Weile bei einer Bank, aber Geld zählen und Konten eröffnen war nicht seine Welt. Ein paar Monate lebte er in London, wo er einen Freiwilligendienst bei einer gemeinnützigen Organisation absolvierte. Zurück in Prag eröffnete er mit einer Bekannten seinen eigenen Frisörsalon – so in etwa lautet die Kurzfassung seiner Lebensgeschichte. Unmöglich, ihm da zu sagen, dass ich keinen Wert auf sein Styling legte. Außerdem habe ich vorher nicht nach-

geschaut, was stylen und trockenföhnen heißt. Also schlie-
ße ich die Augen und lächle. Das Haarspray kann ich auf
dem Weg zur Redaktion ja rauskämmen. Und auch das
Haarwachs, das darauf noch folgt. Mit der Frisur bin ich
ganz zufrieden. Kürzer als gedacht, der Pony schräger als
sonst, der Scheitel ein bisschen weiter mittig und die Stufen
steiler. Aber für den Prager Frühling vielleicht genau das
Richtige.

Unter meinen älteren Verwandten und Bekannten gibt
es wahrscheinlich niemanden, der mir nicht schon mal mit
einem Augenzwinkern einen schönen „Prager Frühling" gewünscht hat. Die Generation meiner Eltern erinnert sich
noch an die Reformbewegung in der Tschechoslowakei der
Sechzigerjahre, die auf einen „Sozialismus mit menschli-
chem Antlitz" hoffte – und damit endete, dass in der Nacht
vom 20. auf den 21. August 1968 Truppen des Warschauer
Paktes einmarschierten. Die Hoffnungen auf die große
Freiheit waren erst einmal zerbrochen. Während der sogenannten Normalisierung wurde die Zensur wieder ver-
schärft, Regimekritiker mit Berufsverbot belegt oder ver-
haftet – auf das Tauwetter folgten Jahre der Repressionen.

Mein Prager Frühling bringt mir mit den ersten war-
men Sonnenstrahlen zunächst einmal fast täglich bessere
Laune. Ich muss nicht mehr so oft an meine gescheiterte
Beziehung denken. Stattdessen lebe ich einfach so in den
Tag hinein, und wenn ich noch keine Lust auf zu Hause ha-
be, gehe ich nach der Arbeit noch mit jemandem *na jedno*.
Um mein Bett habe ich mich noch nicht gekümmert, weil
ich sowieso nicht so viel schlafe und es ganz schön finde,
dass mich auf meiner Matratze am Boden manchmal die
Sonnenstrahlen wecken, die warm und hell durch die hohen

Bäume des botanischen Gartens in mein Zimmer scheinen. Außerdem bin ich nicht die einzige in der Redaktion, die kein (funktionsfähiges) Bett hat. Meine Vegetarier-Kollegin ist vor fünf Jahren mit genauso viel oder wenig Gepäck nach Prag gekommen wie ich vor ein paar Monaten. Sie wollte nur ein Praktikum machen und dachte, die paar Wochen könne sie auch auf dem Boden schlafen. Dann hat sie das Praktikum verlängert, wieder nur für ein paar Monate. Und nochmal und nochmal. Mittlerweile ist sie Redakteurin. Trotzdem denkt sie, dass es sich jetzt wohl auch nicht mehr lohnt, das WG-Zimmer richtig einzurichten. Sie bleibt ja bestimmt nicht mehr lange. Und wenn sie geht, hat sie wenigstens nicht so viele Dinge, mit denen sie umziehen muss.

Der nächste große Umzug steht allerdings erst einmal in der Redaktion an. Könnte man zumindest meinen, wenn man Ondřej beobachtet. Seit Tagen macht er nichts anderes, als Pläne zu zeichnen, auf Papier oder am Computer, Türen, Schränke, Wände und Regale zu vermessen und uns umständlich im Weg zu stehen. Redaktion und Anzeigenabteilung sollen die Räume tauschen, das ist im Prinzip der ganze Grund für seine Aufregung. Aber so eine Aktion muss gut bedacht und berechnet sein, findet Ondřej. Deswegen hat er das lieber selbst in die Hand genommen. Außerdem ist er erst vor kurzem umgezogen (von irgendwo am Stadtrand im elften Stock nach irgendwo anders in Zentrumsnähe im dritten Stock, beides ohne Aufzug). Er hat Erfahrung.

Unser Umzug ist auf einen Samstag angesetzt. Alle sollen kommen und den Tag dafür wann anders abfeiern. Mir ist das ganz recht, ein bisschen körperliche Betätigung in Gesellschaft, selbst wenn es Möbelschleppen ist. Als ich in der Redaktion ankomme, stelle ich allerdings fest, dass die meisten meiner Kolleginnen verhindert sind. Das mache überhaupt nichts, sagt einer der tschechischen Kollegen, man brauche ja zu so einem Umzug ohnehin vor allem *chlapci*, echte Kerle. Ich überhöre die Aussage und krabble unter irgendeinen Schreibtisch, um Computerkabel aus Steckdosen zu ziehen und aufzuwickeln. Dann räume ich ein paar Bücher aus einem Regal und trage eine Kiste mit Altpapier in den Keller. „Um Gottes Willen, Mädchen, das ist doch zu schwer", eilt Honza mir entgegen und reißt mir die Kiste auf der Treppe aus der Hand. Honza ist wenn nicht dreimal, dann mindestens doppelt so alt wie ich. Ein Vortrag darüber, warum ich zwar unverheiratet, aber trotzdem kein „Mädchen" mehr bin, wäre jetzt wohl unangebracht. Honza lässt sich die Tür nicht von mir aufhalten, obwohl ich jetzt die Hände frei habe und er die Kiste trägt. Zum Glück gibt es noch ein paar Schreibtische, unter denen Kabel ausgesteckt werden müssen. Ich tauche wieder ab. Als ich diese und andere leichte Tätigkeiten ausgeführt habe, bin ich versucht, noch ein paar Kisten in den Keller zu bringen. Aber da steht schon der nächste tschechische Kollege mit einem Eimer Wasser und einem Lappen vor mir. „Das Regal dort kann jetzt irgendeine Frau auswischen." Ich sehe ein, dass ich mich hier und heute wohl nicht mehr körperlich verausgaben darf und wische artig die leeren Schränke, Tische und Regale sauber, sauge Staub, reiche auch mal einem „echten Kerl" einen Schraubenzieher, sortiere Bücher ein, und dazwischen stehe ich dekorativ in der Gegend rum und versuche möglichst gut auszusehen – denn das ist es anscheinend, was bei einem tschechischen

Umzug von einer Frau erwartet wird. Ein bisschen ärgert mich das schon. Aber immerhin bekomme ich auch für meine Hilfstätigkeiten am Ende eine halbe Pizza und einen kleinen Becherovka – und werde nicht mit einer Rute bedroht. Denn das ist in Tschechien um diese Jahreszeit durchaus üblich, an Ostern zumindest, aus Tradition und zum Spaß, wie man mir versichert.

Was genau es mit der *pomlázka*, der Osterrute auf sich hat, erfahre ich ein paar Tage später am Náměstí míru, dem Platz des Friedens. Dort steht Petr, 28 Jahre alt, und verkauft die geflochtenen Stangen. Am Ostermontag, erklärt er mir, ziehen in Tschechien die *chlapci* durch Städte und Dörfer und „schlagen" die Mädchen mit einer Osterrute aus Weidenzweigen. Die bedanken sich mit bemalten Eiern oder einem Schnaps für die „Schläge", die dafür sorgen sollen, dass die Mädchen gesund und glücklich bleiben – was für ein schöner Brauch, zischt meine emanzipierte Seele gehässig. Aber Petr ist schüchtern, deshalb lächle ich ihn so zurückhaltend wie möglich an, damit er mir mehr über das Rutengeschäft erzählt, über das ich einen Artikel schreiben soll. Früher ist er am Ostermontag auch mit seinen Freunden losgezogen. Jetzt bringt er in den Wochen vor den Feiertagen bis zu 5000 Ruten unter die Leute – alle per Hand geflochten am Prager Stadtrand, von ihm selbst, seinen Eltern, den beiden Brüdern und den Großeltern.

Weil sich der Sohn jedes Wort aus der Nase ziehen lässt, mache ich mich auf den Weg zum Náměstí republiky, dem Platz der Republik, wo Vater Miloslav den zweiten Stand der Familie betreibt. Er sieht aus wie die Verkörperung der tschechischen Ostertradition, man könnte auch sagen: des Osterkitsches. Er trägt eine ärmellose Jeansweste, die mit kleinen gelben Plastikküken behängt ist, am Rücken baumelt ein Osterhase. Dazu setzt er sich fürs Foto, das ich später von ihm mache, einen Hut auf, von dessen Krempe ihm Eier und ein Hahn ins Gesicht hängen. In die Gartenstiefel hat er sich eine Ratsche gesteckt, eine zweite hängt am Gürtel.

Miloslav ist ein Hingucker, der neugierige Blicke auf sich zieht, und ein geschickter Verkäufer, der weiß, wie man Kunden anlockt. Schon *za komunismu*, überlegt der 55-Jährige, habe er mit den Osterruten angefangen. Früher sei es einfacher gewesen, weil es für Familienbetriebe noch keine Konkurrenz aus den Supermärkten gab. „Jetzt gibt es auch tschechische Osterruten aus China." Er nimmt eine seiner handgefertigten Ruten und hält sie mir unter die Nase. „Sehen Sie, wie das geht", sagt er und biegt die Rute zu einem Rundbogen. „Mit einer chinesischen geht das nicht. Die bricht." Die meisten Kunden wüssten das aber. Sie schätzten die Qualität, deshalb sei die Konkurrenz auch wieder nicht so schlimm. Im normalen Leben führt Miloslav einen Familienbetrieb für Gartenbau. An Ostern nimmt er sich jedes Jahr frei, um seine Ruten zu verkaufen. Er bietet auch bemalte Eier und andere Dekoartikel an. Aber nur die Ruten hat er mit seiner Familie selbst geflochten. Die längste bringe es auf mehr als vier Meter, sagt er stolz. Die klassische Variante ist kürzer. „Die Weidensträucher wachsen etwa ein bis zwei Meter pro Jahr, das ist genau die richtige Länge", hat mir vorhin Petr erklärt. Vor dem Flechten würden die Unebenheiten an den Zweigen entfernt, ergänzt nun der Vater, damit die Ruten beim Schlagen nicht an den feinen Röcken oder Strümpfen der Mädchen hängen bleiben. Dass er dabei ein wenig abschätzig auf meine Jeans schaut, bilde ich mir bestimmt nur ein. „Am schnellsten beim Flechten ist übrigens meine Frau", verrät Miloslav noch – so weit ist die Emanzipation dann also doch schon fortgeschritten, freue ich mich heimlich. Und überhaupt gehe es nicht mehr so streng wie früher zu: „In manchen Orten ziehen die Mädchen und die Jungs sogar schon zusammen los." Endgültig versöhnt bin ich mit der Tradition, als Miloslav mir zum Abschied eine kleine Osterrute schenkt. Jetzt bräuchte ich nur noch jemanden, den ich damit verhauen kann.

Es dauert nicht lange, bis mir einfällt, auf wen ich gerne mit der Rute losgehen würde. Das würde dann allerdings vermutlich nicht so österlich enden. Ich hege nämlich den Verdacht, dass die Handwerker in unserem Haus seit ein paar Wochen einzig und allein mit dem Ziel anrücken, mich jeden Morgen pünktlich aus dem Bett beziehungsweise von der Matratze zu holen. Gewiss tue ich vielen unrecht, aber die Handwerker, die mir in letzter Zeit begegnet sind, geben mir Anlass zur Vermutung, dass man im Prinzip nur wenige Regeln befolgen muss, wenn man als tschechischer Handwerker durchgehen möchte. Das vermutlich wichtigste Gebot lautet, möglichst früh zu beginnen und dabei möglichst großen Lärm zu verursachen, auch und vor allem an Samstagen. Die Leute, die bei uns im Haus derzeit eine Wohnung renovieren, haben dieses Prinzip verinnerlicht. Seit Wochen rücken sie jeden Morgen um sieben Uhr an, auch wenn ich nach Redaktionsschluss erst um zwei oder drei ins Bett gekommen bin; und gerne auch samstags. Etwa bis kurz vor acht erledigen sie dann alles, was scheppert und kracht; manchmal steht auch einer rauchend im Innenhof, die anderen halten sich im vierten Stock auf, und sie rufen sich Kommandos zu, so laut es nur geht. Sobald alle wach sind, beginnen die leisen Arbeiten. Streichen, vermessen, Pause, keine Ahnung, was die Handwerker zwischen acht und halb zwölf Uhr machen, gehört habe ich sie in dieser Zeit jedenfalls selten. Erst gegen Mittag wird dann gebohrt und gehämmert. Meistens bis das Nachbarskind von seinem Mittagsschlaf erwacht und schreit.

Die zweite Regel besagt, dass man möglichst oft anrücken und dabei möglichst erfolglos irgendwas herumbasteln sollte, bestenfalls alles noch schlimmer machen als es zuvor war. Wie man das auf die Spitze treibt, hat in den vergangenen Wochen ein kleiner dicker, schlimm nach Schweiß riechender graubärtiger Herr bewiesen, den wir in der Redaktion nur den Telefonmann nennen. Wenn er anrückt, weil ein Apparat nicht funktioniert, kann man sich sicher sein, dass am nächsten Tag mindestens zwei Telefone kaputt sind. Kommt er nochmal, stellt sich am übernächsten Tag heraus, dass jetzt gar nichts mehr geht und nach dem dritten Besuch stimmt auch etwas mit der Internetverbindung nicht mehr. Am nächsten Morgen funktioniert plötzlich wie von Geisterhand alles wieder, wie es soll, in der folgenden Woche landet man mit der Durchwahl der Sekretärin aber beim Grafiker; wer in der Anzeigenabteilung anrufen möchte, klingelt stattdessen in der Redaktion an, und das Spiel mit dem Telefonmann beginnt von vorne. Sollte mal ein paar Wochen alles reibungslos klappen, ändert sich zumindest in unregelmäßigen Abständen die Vorwahl, die man braucht, um aus dem Haus zu telefonieren. Warum sollte das auch immer die Null sein? Es macht doch viel mehr Spaß, wenn es ab und zu aus unerklärlichen

Gründen die 47 ist und dann wieder gar keine und erst nach ein paar Wochen wieder die Null.

Die dritte und letzte Regel gilt nicht nur für Handwerker. Egal, um welche Dienstleistung es sich handelt, immer sollte man darauf achten, sie möglichst steuerfrei anzubieten. Sonst ist man kaum konkurrenzfähig. Ich habe diese Erfahrung vor ein paar Wochen gemacht, als mich ein Schreiner bat, seine Internetseite aus dem Tschechischen ins Deutsche zu übersetzen. Die „Belohnung" könne auch „inoffiziell" erfolgen, hatte er mir per E-Mail geschrieben. Als ich ihm erklärte, sie könne durchaus offiziell erfolgen, meinte er wohl, ich habe ihn nicht richtig verstanden und schrieb nochmal dasselbe. Wieder erklärte ich, ich könne eine offizielle Rechnung schreiben. Danach hörte ich nie wieder etwas von ihm. Da ich für den Auftrag ohnehin keine Zeit hatte, ärgerte ich mich nicht weiter darüber. Schwieriger fand ich meine Lage, als vor kurzem die Klospülung in der Wohnung kaputt war. Meine Vermieter gaben mir die Nummer eines Klempners, der ein paar Tage später vor der Tür stand. (Er hielt sich ganz geschickt an das erste Gebot, indem er sich für 7.30 Uhr ankündigte, mich also pünktlich aus dem Bett jagte, dann aber doch erst gegen neun ankam.) Er sah sich die Sache an, hatte das fragliche Teil natürlich nicht dabei und musste am nächsten Morgen noch einmal kommen, wieder in aller Herrgottsfrühe. Nachdem er es eingebaut hatte, fragte ich nach den Kosten. Meine Vermieter hatten mich gebeten, den Betrag für sie auszulegen. „Wenn Sie eine Rechnung brauchen 600 Kronen, wenn nicht 500."

Für mich war das ein Dilemma (ich wollte mich legal verhalten, entschloss mich aber für die tschechische Variante), das mir am nächsten Tag allerdings vergleichsweise banal erschien. Zum Mittagessen traf ich eine Freundin aus Deutschland, die irgendwie auch nicht loskommt von dieser Stadt. Sie hat allerdings ein Bett hier und sogar einen Mann, einen Prager, von dem sie in wenigen Wochen ihr erstes Kind bekommt. Sie sei jetzt in Entscheidungsnot, sagte sie mir nach dem Nachtisch. Gestern war sie in der Klinik, in der ihr Sohn zur Welt kommen soll. Der Arzt sei wundervoll gewesen, schwärmt sie, er habe sehr kompetent gewirkt, ihr die Angst genommen, und sie vertraue ihm voll und ganz. Das ist doch super? Ja, meinte sie, aber nach der Untersuchung habe er ihr erklärt, wie es in Tschechien läuft: Wenn sie will, dass der Arzt ihres Vertrauens (über den sie im Internet nur ausgezeichnete Erfahrungsberichte gelesen hat) bei der Geburt dabei ist, sich um sie und das Baby kümmert und sie ihn zu jeder Tages- und Nachtzeit anrufen kann, müsse sie ihm für diese „überdurchschnittliche Behandlung" umgerechnet etwa 550 Euro zahlen. „Legal ist das nicht", sagte sie, „sondern eigentlich Korruption". Deshalb lehnen sie und ihr Mann ein solches Angebot auch prinzipiell ab. Sie könne es nicht mit ihrem Gewissen vereinbaren, dass sie besser behandelt werde, weil sie es sich leisten kann, und eine andere werdende Mutter deswegen womöglich länger auf einen Arzt warten muss. Andererseits hat sie noch nie ein Kind bekommen, war noch nie im Krankenhaus, und es würde sie ungeheuer beruhigen, wenn sie wüsste, dass der Arzt, dem sie vertraut, sich um sie und das Baby kümmern würde. Was ich an ihrer Stelle machen würde, fragte sie. Knapp vier Wochen hat sie noch Zeit, sich die Entscheidung zu überlegen.

Zwei Tage später klingelt mittags mein Telefon. Eine

SMS. „Wir haben heute einen kleinen Sohn bekommen. Wir sind sehr glücklich. Uns geht es allen gut." Unser nächstes Treffen entfällt verständlicherweise. Stattdessen mache ich meinen ersten ausgiebigen Frühlingsspaziergang alleine. Am westlichen Stadtrand soll es recht schön sein, habe ich gehört. Über den Charme der Metro-Station Stodůlky lässt sich allerdings streiten. Sie liegt knapp zwanzig Minuten U-Bahn-Fahrt und gut zehn Kilometer vom Zentrum entfernt. Plattenbauten und kastenförmige Geschäftsgebäude prägen das Bild, auf der vierspurigen Straße verstummt der Lärm auch am frühen Sonntagnachmittag nicht. Nur wenn man den Blick nach Südwesten richtet, weicht das Grau langsam zarten Grüntönen. Felder und Wälder gewinnen die Oberhand über Beton und Asphalt. Ich habe mir vorgenommen, ein paar Stunden aus der Großstadt zu flüchten, aber noch bin ich skeptisch, ob das hier funktioniert.

Von der U-Bahn-Station gehe ich nach Süden. Es gibt mehrere Wege und Trampelpfade, aber kaum Schilder. Wer sich hier zurechtfinden will, sollte eine Karte oder einen ausgeprägten Orientierungssinn haben. Beides fehlt mir. Und auch meine oft erfolgreich erprobte Strategie scheitert hier: Normalerweise gelingt es mir in der Stadt ganz gut, zu erraten, wer dasselbe Ziel haben könnte wie ich. Diesen Leuten folge ich dann unauffällig – so haben mich schon Mütter mit Kinderwagen zum nächsten Park geführt, Männer mit glänzenden Schuhen und teuren Mänteln zum Hintereingang der Nationalbank und elegante Seniorinnen ins Theater. Aber in Stodůlky will gerade kein Mensch durch die Gegend wandern. Die wenigen Passanten, die unterwegs sind, schauen grimmig oder schütteln den Kopf, als ich sie anspreche. „Da unten fährt ein Bus", raten mir gleich mehrere. Auf meine Erklärung, dass ich gern zu Fuß gehen möchte, blicken sie ungläubig. „Das ist aber weit." Meine letzte Hoffnung ist eine Frau, die etwa mein Alter haben dürfte. Sie sieht recht sportlich aus. „Ja, ich wohne hier – aber ich weiß gar nicht, wie die Straßen heißen." Hilfsbereit ist sie trotzdem. Im Gegensatz zu mir hat sie ein schlaues Telefon in der Tasche, gemeinsam verschaffen wir uns einen Überblick, vergleichen die Karte mit der Umgebung. „Und Sie sind ... Tschechin?", will sie dann wissen. Ich freue mich. Natürlich hat sie gehört, dass ich einen Akzent habe. Aber ganz sicher war sie sich anscheinend nicht, dass ich nicht hierher gehöre. „Nein, ich komme aus Deutschland." Sie findet das interessant, will wissen, wo ich die Sprache gelernt habe und was ich in Prag mache. Kurz überdenke ich meinen Plan. Vielleicht sollte ich mit ihr ein Eis essen gehen, statt allein durch die Gegend zu latschen? Aber leider fällt ihr irgendwann ein, dass sie eine Verabredung hat. Noch einmal deutet sie in die Richtung, in der wir beide die Unterführung in Richtung Řeporyje vermuten.

Ich verabschiede mich und stelle ein paar Minuten später fest, dass wir richtig lagen. Es geht noch ein wenig an der Straße entlang, dann nehme ich einen Trampelpfad und fühle mich tatsächlich schon fast wie auf dem Land. Kein Mensch weit und breit, kaum Geräusche. Die erste Spur, die auf die 1974 zu Prag eingemeindete Siedlung Řeporyje hindeutet, ist der Eingang zu einem Freilandmuseum, das an die mittelalterliche Geschichte des Ortes erinnert: Bereits zu Beginn des zwölften Jahrhunderts wurde Řeporyje erstmals erwähnt. Der Legende nach entstand es um ein Zisterzienserkloster, dessen Nonnen Kletten als

Heilpflanzen nutzten; daher soll auch der Name des Ortes (von *řepík* – Klette) kommen. Vorbei am Freilandmuseum führt der Weg weiter nach Süden bis zu einem kleinen Bach, der mich bald zu den ersten Wohnhäusern von Řeporyje führt. In den Vorgärten grüßen Gartenzwerge, eine Frau klopft Teppiche, während die Aprilsonne die Plastikstühle wärmt. Ich höre Vogelgezwitscher und das leise Rauschen des Baches, zwei ältere Männer unterhalten sich laut über die Straße. Graue, verfallende Einfamilienhäuser reihen sich an bunte, frisch gestrichene Fassaden. Überlaufen ist die Siedlung nicht, aber hin und wieder kommen jetzt Radfahrer, Spaziergänger und sogar Reiter vorbei.

Am größten Platz der Siedlung befindet sich direkt an der Bushaltestelle ein Café mit der Aufschrift *Kavárna na náměstí* (Café am Platz). Ich habe zwar noch einen weiten Weg vor mir, trotzdem kaufe ich mir ein Stück Karamell-Käsetorte zum Mitnehmen. Noch nach einem ganzen Jahr in Prag werde ich an dieses Stück Kuchen denken, das beste, das ich in Tschechien je gegessen habe. Vom Café aus sind es nur noch wenige Minuten zum Naturpark. Das Tal ist ein Ausläufer des Böhmischen Karstes. Schon vor etwa 30 000 Jahren suchten Menschen in seinen Höhlen Unterschlupf, in der Jungsteinzeit kamen die ersten Bauern. Die größten Eingriffe in die Landschaft folgten im 19. Jahrhundert, als mehrere Steinbrüche zum Kalkabbau entstanden. Am Ufer des Bachs siedelten sich außerdem zahlreiche Müller an. Heute hat die Natur das Tal zu großen Teilen zurückerobert. Von vielen historischen Gebäuden – wie etwa den Mühlen – sind nur noch Ruinen übrig, die von Gräsern und Bäumen langsam überwuchert werden. Vor allem im ersten, nahe Řeporyje gelegenen Teil des

Tals wird aus dem Spaziergang immer wieder eine Wanderung durch einen verwunschenen Märchenwald. Kurzzeitig verwandelt er sich in ein Kampfgebiet, als nach einer Kurve plötzlich eine Gruppe Schwerbewaffneter in Militärkleidung vor mir steht. Ich bekomme einen ziemlichen Schrecken und beobachte erstmal vorsichtig, wie die anderen Spaziergänger reagieren. Die beste Taktik ist, die Männer einfach zu ignorieren. Ich begreife, dass sie das Gelände nutzen, um in den Ruinen Krieg zu spielen.

Je weiter ich mich dem Zentrum nähere, desto mehr Menschen sind unterwegs. Ich bin die einzige, die hier ganz allein spazieren geht. Die anderen, die ohne Begleitung unterwegs sind, haben wenigstens einen Hund dabei. Ich muss an meinen Besuch im Prager Tierkrematorium denken. „Hier haben schon viele Männer richtig laut geweint", hatte der Bestatter zur Begrüßung gesagt, nachdem ich eine Schachtel mit Papiertaschentüchern auf seinem Schreibtisch entdeckt hatte. Er sprach wie ein Therapeut, konnte gut zuhören und betroffen schauen, auch wenn ich gar nichts Trauriges erzählte, sondern nur seltsame Fragen stellte. Zum Beispiel, wie viele tote Tiere er schon verbrannt habe und welches das größte war. Die wenigsten Prager haben einen Garten, in dem sie die Hunde begraben können, die sie ihr Leben lang in Handtaschen mit sich herumgetragen oder an Leinen durch die Parks gezogen haben. Wer seinen vierbeinigen Liebling nicht an eine „Tierkörperbeseitigungsanstalt" übergeben will (wo es vermutlich genau so zugeht, wie der Name klingt), ruft den Tierbestatter. Der ist ein Aussteiger. Er und seine Frau arbeiteten in der Finanzbranche. Als sie schwer krank wurde, beschloss das Ehepaar, etwas Sinnvolles zu machen, wie er sagt. Seitdem

bestatten sie Haustiere. Aber nicht nur Schoßhündchen ge-
langweilter Gattinnen. Etwa 100 000 Hunde seien in Prag
gemeldet, davon sterben jedes Jahr schätzungsweise 10 000,
hatte der Mann mit der Therapeuten-Aura mir erzählt. Viele seiner Kunden haben wenig Geld. Aber irgendwie treiben sie die 2000 Kronen auf, die die Bestattung kostet,
sofern der Hund nach seinem Tod nicht mehr als vier Kilo
wiegt. Sonst wird es etwas teurer. Seitdem ich das weiß,
sortiere ich Hunde, die ich auf der Straße sehe, nach diesen Kategorien: wiegt bestimmt keine vier Kilo, ist sicher
schwerer, könnte knapp werden. Die Felsen von Hlubočepy
reißen mich aus meinen Gedanken. Die Stadt hat mich
wieder, ohne dass ich es gemerkt habe. Gleich kommt der
Bus und bringt mich zurück in den Alltag.

Ich sitze zu Hause am Schreibtisch, der zugleich mein
Esstisch ist. Der Laptop steht auf einem Stapel Zeitungen,
daneben eine leere Pfanne, ein Topf mit einem Rest Suppe,
Schokolade. Draußen fallen schwarz-weiße Vögel von den
Bäumen. Ich google „Elster" und komme zum Ergebnis,
dass es wohl Elstern sein müssen, die sich da auf irgendeine Beute stürzen. Ich lese, dass die Elster in lebenslanger
Monogamie lebt und im ersten Herbst ihres Lebens ge-
schlechtsreif wird. Der erste Herbst des Lebens. Ich denke
über diese Formulierung nach und fühle mich alt. Ich habe
schon bald dreißig Herbste erlebt. Schon wieder fällt eine
Elster vom Baum. Der Frühling war gerade noch so schön,
aber die verdammte Melancholie lässt sich jetzt nicht mehr
abschalten. Ich komme mir ein bisschen so vor wie in den
tschechischen Filmen, die in den Sechzigerjahren spielen.
Am Anfang ist die Stimmung gut, alle sind voller Hoffnung, jung, verliebt, freuen sich auf die Zukunft – Prager

Frühling eben. Dann kommt die Nacht im August, in der die Truppen des Warschauer Pakts mit ihren Panzern einrollen. Der Bruch in fast jedem Film über diese Zeit. Ein Wendepunkt. Danach scheitern Beziehungen, Menschen verlieren ihre Arbeit, ihre Familie, ihre Perspektive. Gut, ganz so dramatisch ist es bei mir nicht. Meine Stimmung ist einfach ein wenig trüb und statt Panzer sind vielleicht ein bisschen zu viele Kinderwagen an mir vorbeigerollt.

Als ich beschließe, schlafen zu gehen, vibriert mein Telefon. „Lust auf Kino?" Es ist die Kollegin ohne Bett, die offenbar auch nicht schlafen kann. Kurz darauf sitzen wir in der Spätvorstellung und sehen einen Film, von dem ich nur verstanden habe, dass es wohl um irgendwas mit Kafka ging. Bei einem Glas Wein versuchen wir uns an einer Interpretation, scheitern aber kläglich und landen schnell bei wichtigeren Fragen. Manchmal hat sie das Gefühl, ihr ganzes Prager Leben ist ein einziger Ausnahmezustand. In Deutschland, sagt meine Kollegin, würde sie niemals so viele Abende in so verrauchten Kneipen verbringen, würde sich gesund ernähren, Sport treiben, heiraten, Kinder kriegen, in Teilzeit arbeiten, eine Wohnung hübsch einrichten. Was man eben so macht in unserem Alter. Und in Prag leben wir einfach so vor uns hin. Hadern manchmal, wissen nicht, ob wir gehen oder bleiben sollen, verbringen dann wieder einen schönen Abend mit einem Typen, der uns gefällt, und sind uns ganz sicher, dass wir am richtigen Ort sind. Bis der Typ sich als Idiot entpuppt, ein Interviewpartner als Kotzbrocken oder die Lieblingskneipe wegen hygienischer Mängel geschlossen wird. Dann bricht die Welt für einen Augenblick zusammen, wir sind froh, dass wir nur mit einer Matratze umziehen müssen, dass wir kein Topfset besitzen und keine Brotschneidemaschine. Wir schauen nach, ob die Kleidung in unserem Schrank noch in den Reiserucksack passt und wie lange es dauert, die Vorräte im Küchenschrank aufzuessen. Aber bevor wir tatsächlich unsere Fahrkarte nach Deutschland kaufen, trinken wir mit ein paar ebenso Verrückten noch einen einzigen Becherovka auf den Abschied und am nächsten Morgen wissen wir wieder, dass wir unsere Rückkehr noch eine Weile hinauszögern sollten, weil in Deutschland wahrscheinlich auch nicht das Paradies mit offenen Armen auf uns wartet.

Mai

Integrationsversuche

Ich möchte mich gern integrieren. Meine Chancen stehen gut, habe ich mir ausgerechnet. Ich habe keinen Anhang, der mich hindern könnte. Ich spreche nicht fehlerfrei, aber doch ganz gut die Sprache der Menschen hier, liebe ihre Süßspeisen und habe Bücher von Bohumil Hrabal im Original gelesen. Beim Online-Einbürgerungstest des Tschechischen Rundfunks habe ich acht von zehn Fragen richtig beantwortet. Und wer weiß schon, ob die Fläche der Tschechischen Republik 159 000 oder 79 000 oder 119 000 Quadratkilometer beträgt und ob die größte Tiefebene des Landes an der Elbe liegt oder an der Oder? Ondřej lässt sich davon allerdings nicht beeindrucken. „Wenn du Tschechin werden willst, musst du mittags *svíčková* essen und in der Kneipe ein Bier bestellen", rät er mir und sieht dabei etwas verknittert aus. Er habe schlecht geschlafen, sagt er, weil er gestern Abend kein Fleisch hatte. „Ich habe mir einen Salat gemacht, aber das war ein Fehler. Danach war mir ganz komisch."

Svíčková, Lendenbraten, ist eines der Fleischgerichte, die ich immerhin übersetzen kann – dem Lehrbuch aus dem Sprachkurs sei Dank. Und ich habe auch schon mehrmals *svíčková* bestellt. Meistens für Besucher aus Deutschland, die immer etwas wählen müssen, was wir im Sprachkurs durchgenommen haben: Lendenbraten, Gulasch, Schnitzel. Einmal habe ich *svíčková* aber auch für mich geordert, weil es nichts anderes gab und ich Knödel mit Salat nur bekam, wenn ich auch den Braten dazu nahm. Aber bin ich auch bereit, Fleisch zu essen, um Teil dieser Gesellschaft zu werden? „Vielleicht kann man sich auch anpassen, ohne alles ganz und gar ...“ Ondřej lacht mich aus. „Gehen wir *na pivo?*“ Nun, die Kneipe ist mit meinen Ess- und Trinkgewohnheiten vielleicht nicht der richtige Ort, um mein Integrationsprojekt zu beginnen. So lange ich dort nach einem *perlivá voda* (Wasser mit Kohlensäure) und *něco bez masa* (irgendwas ohne Fleisch) frage, werde ich wohl immer sofort als Ausländerin oder zumindest als Außenseiterin auffallen.

Ich will mir eine tschechische Freizeitbeschäftigung suchen und gehe in ein Stadtteilzentrum in der Nachbarschaft, in dem sich Vereine und private Initiativen regelmäßig treffen. Es gibt dort Bastelkurse für Kinder, Kochen für Teenager, Yoga für junge Mütter, Computerkurse für Senioren. Ich gehe die Liste der Angebote nochmal durch, aber für alle Kurse bin ich entweder zu alt oder zu jung oder zu kinderlos. Der Höflichkeit halber stecke ich ein paar Prospekte ein und bedanke mich bei der Dame am Empfang. Aus dem großen Gruppenraum kommt gerade eine Handvoll Senioren. Sie haben Wein und Kuchen dabei, und ich bedauere ein bisschen, nicht zu ihnen zu gehören. Die Runde ist mir sympathisch. Ob sie einen Geburtstag feiern? Ludmila schüttelt den Kopf. Sie lacht mit den anderen, dabei ist ihr gar nicht nach Feiern zumute. Einmal die Woche habe sie sich in den vergangenen Jahren mit ihren Freundinnen hier zum Englischkurs getroffen, erzählt sie mir. Gerade sei ihre letzte gemeinsame Stunde zu Ende gegangen. „Ich werde nach Krásná Lípa ziehen, das ist ganz nah an der deutschen Grenze", sagt die 77-Jährige und muss schlucken. In Prag ist sie geboren und aufgewachsen, hier hat sie Tschechisch und Russisch unterrichtet und später eine Grundschule geleitet. Dann wurde das Mietshaus renoviert, in dem sie mit ihrem Mann lebte. Plötzlich sollten sie 17 000 Kronen im Monat für die Wohnung zahlen. Doch sie bekommt nur 11 000 Kronen Rente, ihr Mann ein bisschen mehr. „Wir mussten sehr schnell ausziehen und sind erst einmal bei Bekannten untergekommen", erzählt die Lehrerin im Ruhestand. Sie hat keine Kinder, aber sie trifft sich gern mit ihren ehemaligen Schülern. Sie liebt das Leben in der Hauptstadt. „Dort gibt es bestimmt herrliche Natur", sagt sie über Krásná Lípa. „Aber zu Hause bin ich hier."

Die Gruppe hat mich an ihren Tisch gebeten. Ich fürchte, dass ich ihre Feierlaune trübe mit meinen neugierigen Fragen, aber den Damen ist nach Reden zumute. „Ich spare meistens an der Kultur", erzählt Marie. Auch sie ist 77 und besucht den Englischkurs, „um geistig fit zu bleiben", wie sie sagt. „Die Zeitung kaufe ich mir nur noch einmal die Woche, ins Theater gehe ich vier Mal im Jahr und ins Kino gar nicht." Ihr ganzes Leben hat sie in der Wissenschaft gearbeitet, vierzig Jahre lang in die Rentenkasse eingezahlt. Auch ihre Tischnachbarin kommt nicht mit dem aus, was der Staat ihr monatlich überweist. „Ich arbeite noch für eine Firma, damit ich mir zum Beispiel diesen Kurs leisten kann." 150 Kronen bezahlen die Senioren für neunzig Minuten – einige müssen da schon rechnen. Warum ihnen nun so wenig übrig bleibt – die Frauen zucken mit den Schultern. „Gerecht ist das nicht." Dass die Regierung ihnen im Dezember einmalig 600 Kronen gezahlt hat, sei zwar schön. Große Sprünge können sie mit umgerechnet 22 Euro aber nicht machen.

Jemand bietet mir ein Stück Kuchen an, und Ludmila rückt ihren Stuhl näher an meinen. „Sie kommen aus Deutschland, oder?", fragt sie mich leise, während die anderen sich noch über die Rentenpolitik der Regierung aufregen. „Ich habe Verwandte dort", sagt sie, „also von meinem Stiefbruder." Ich habe den Mund voll Kuchen. Das macht aber nichts, denn Ludmila erzählt einfach weiter. Ihr Vater, sagt sie, habe mit der Familie nie über den Krieg gesprochen, nie durfte jemand eine Frage dazu stellen. Erst nach seinem Tod sei alles ans Licht gekommen. „Meine Mutter war seine zweite Frau, er hatte einen Sohn in Deutschland, der einige Jahre älter war als ich." Im Krieg habe der Sohn für die Deutschen gekämpft, der Kontakt zum Vater sei abgerissen. „Nach der Wende kam eines Tages ein Brief. Darin stand, dass ich einen deutschen Bruder habe." Als Ludmila von der ersten Begegnung erzählt, bekomme ich eine Gänsehaut. Sie konnte kein Deutsch, ihr Bruder kein Tschechisch, und sie hatten bis dahin ihr ganzes Leben auf unterschiedlichen Seiten des Eisernen Vorhangs verbracht. „Verstanden haben wir uns trotzdem", sagt Ludmila. „Aber es war zu spät. Mein Bruder ist bald darauf gestorben." Ich habe keine Ahnung, was ich sagen könnte, um Ludmila aufzuheitern.

Meinen Integrationsversuch betrachte ich als gescheitert, dafür habe ich ein Thema für einen Artikel gefunden. In Tschechien, lese ich am nächsten Tag, bekommen Rentner im Durchschnitt umgerechnet rund 400 Euro im Monat, etwa so viel wie die ehemalige Grundschuldirektorin Ludmila. Vielen bleibt nichts anderes übrig, als sich etwas dazuzuverdienen, wenn sie in Prag leben wollen. Jetzt verstehe ich, warum ich in der Nachttram so oft ältere Damen sehe, die frühmorgens zur Arbeit fahren, obwohl sie meiner Einschätzung nach schon längst in Rente sein müssten.

Ich spreche mit Ondřej über meine Begegnung mit den Rentnerinnen und erzähle ihm, dass ich mich beim Alter tschechischer Senioren schon oft verschätzt habe. Menschen, die ich für über achtzig hielt, waren manchmal erst Anfang siebzig oder Ende sechzig. Auch Ludmila und den anderen hätte ich locker ein paar Jahre zu viel gegeben. „Kann es sein, dass Tschechen älter aussehen als Deutsche?" Ondřej nickt. „Als Westdeutsche auf jeden Fall", sagt er. Das liege am Kommunismus. Das kommt mir ein bisschen zu pauschal vor, aber Ondřej ist überzeugt von seiner „Theorie der mangelnden Freude", wie er sie nennt. Nicht harte Arbeit auf Feldern oder in Fabriken sei schuld daran, dass viele Leute so alt aussehen, sondern dass sie in ihrem Leben nicht genug Grund gehabt hätten, sich zu freuen. Und jetzt ist es besser? Haben die Menschen jetzt mehr Freude? Ondřej zuckt mit den Schultern. „Jetzt schaut jeder, dass er das Beste für sich rausholen kann, vor allem die Politiker." Deshalb gehe er auch nicht zur Wahl, sagt er. Weil doch eh alle gleich seien. Als pflichtbewusste Demokratin widerspreche ich. Man müsse doch wählen, schon allein um zu verhindern, dass Extremisten ins Parlament kommen. Aber bei Ondřej beiße ich mal wieder auf Granit. *Ne*, brummt er mit ganz kurzem „ä", und ich weiß, da ist nichts zu machen.

Immerhin hat er eine Idee, welches tschechische Hobby ich mir zulegen könnte. Fahrradfahren, schlägt er vor.

Also nicht mit dem Fahrrad von A nach B zu fahren, in die Arbeit, zum Einkaufen oder Freunde besuchen. Das Rad als Verkehrsmittel in der Stadt zu nutzen würde niemals als tschechisch durchgehen. Während in vielen deutschen Städten sogar die Chefs mit dem Rad zur Arbeit kommen, Studenten zur Uni sowieso und Eltern mit ihrem Nachwuchs zum Kindergarten, wagen sich in Prag nur ganz Mutige mit dem Rad durch den Stadtverkehr. Oft sind solche Leute gleichzeitig auch Vegetarier oder sogar Veganer (zumindest gilt das für die beiden Prager Mit-dem-Rad-zur-Arbeit-Fahrer, die ich persönlich kenne), ein bisschen verdächtig also. Normal jedenfalls sind sie nicht. Nein, ein echter Tscheche besitzt ein Rennrad oder ein Mountainbike, das er erst einmal mit dem Auto oder Zug irgendwo hin transportiert, in den Böhmerwald, ins Erzgebirge oder wenigstens an die Moldau. Dort macht er dann eine richtige Tour, mit Fahrradcomputer, Funktionskleidung und Fahrradhandschuhen. Das gilt zumindest für Ondřej und auch für ein paar andere fleischessende tschechische Radfahrer aus meinem Bekanntenkreis.

Für mich scheidet dieses Hobby aber erstmal aus, weil mein Rad noch in Deutschland rumsteht. Und auch mit der zweiten tschechischen Freizeitbeschäftigung, die Ondřej vorschlägt, wird es schwierig. Ich bräuchte eine *chalupa*. Oder wenigstens einen Mann, der eine *chalupa* hat. Beides halte ich gerade für sehr unwahrscheinlich. Eine *chalupa* ist ein Wochenendhaus oder eine Hütte auf dem Land. Meine Nachbarn und Kollegen haben eine *chalupa*, manche verbringen jedes freie Wochenende dort. Was sie dort machen, weiß ich nur vom Hörensagen. Es reicht von „viel trinken, viel rauchen, viel kiffen" (so ein Bekannter namens Honza) über „mit den Kindern im Garten spielen und Kräuter sammeln" (meine Nachbarn) bis „die Hunde frei laufen lassen und Yoga machen" (Jiří, der Frisör). Um es herauszufinden, schreibe ich „einen Mann mit *chalupa* angeln" auf meine To-do-Liste. Die Zwischenzeit versuche ich mit einer anderen Freizeitbeschäftigung zu überbrücken. Marie, von der ich vor Weihnachten gelernt habe, was eine *Rybovka* ist, hat von einem Orchester erzählt, das Cellisten sucht. Man müsse dort nicht vorspielen, sagte sie, alles ganz locker, Probe jeden Donnerstag.

Der nächste Donnerstag ist der 8. Mai, ein Feiertag. Passt super, so komme ich pünktlich um 18 Uhr zur ersten Probe, ohne dass ich früher aus der Redaktion gehen muss. Auf dem Weg zur Probe ist mir aber doch ein wenig mulmig zumute. Das Land feiert heute den „Tag des Sieges" – den Sieg über den Nationalsozialismus, über die Deutschen. Die Straße, die zum Probenraum führt, heißt Lidická; sie erinnert an Lidice, das Dorf etwa zwanzig Kilometer von Prag entfernt, das die Nazis 1942 auslöschten, um sich für das Attentat auf den stellvertretenden Reichsprotektor Reinhard Heydrich zu rächen. Meine Oma war damals Mitte zwanzig und lebte etwa siebzig Kilometer von Lidice entfernt. Auf dem Weg zweifle ich, ob es ein guter Tag und ein guter Ort ist, sich einem tschechischen Orchester vorzustellen.

Aber als ich im Probenraum ankomme, ist die Stimmung gut. Ich bin wahrscheinlich die einzige, die eben noch an den Zweiten Weltkrieg gedacht hat. Der erste Klarinettist und eine Bratscherin sind dabei, mährischen Weißwein in Plastikbecher zu schenken und an die Musiker zu verteilen. „Das ist nicht immer so", erklärt mir Honza, der erste Cellist. Ich habe aufgehört zu zählen, wie viele Honzas ich mittlerweile kennengelernt habe. Dieser jedenfalls trägt Anzug und Krawatte – er studiert Politikwissenschaft und hatte heute eine Exkursion ins Parlament. Was es mit dem Wein auf sich hat, erfahre ich von Markéta, einer anderen Cellistin. „Wir proben ein Stück für Zymbal und Orchester", sagt sie. Und zur traditionellen mährischen Zymbal-Musik gehöre nun mal auch der mährische Wein. Für meinen Integrationsplan könnte es nicht besser laufen, freue ich mich, als Honza nochmal auf mich zukommt. „Du wirst neben Vašek sitzen." Auch die Vašeks kann ich bald schon nicht mehr zählen. „Vašek ist noch nicht da, aber mach dir keine Sorgen, er ist ganz nett. Nur manchmal ein bisschen – wie soll ich sagen – asozial vielleicht." Na super, ein Orchesterplatz neben einem asozialen Vašek, genau so habe ich mir das vorgestellt. Von Vašek noch keine Spur, also versuche ich mich in Smalltalk mit Geigern, Bratschern und Trompetern. Mäßig erfolgreich. Eine Geigerin spricht so laut mit mir, als wäre ich schwerhörig, nachdem sie meinen deutschen Akzent bemerkt hat. Die anderen schweigen bedächtig, als ich mich neben sie stelle und hoffe, angesprochen zu werden. Eine slowakische Cellistin versucht es mit Englisch; als ich stur auf Tschechisch antworte (Tschechisch verhält sich zu Slowakisch etwa so wie Deutsch zu Österreichisch, finde ich, und ich würde auch nie auf die Idee kommen, mit einem Österreicher Englisch zu sprechen), wendet sie sich ab. Zum Glück beginnt bald die Probe, und ich muss nicht mehr verkrampft nach Gesprächspartnern suchen.

Die Zymbal-Komposition hat mit einfachen Volksliedern nicht viel gemeinsam. Geschrieben hat sie einer der gefragtesten Zymbal-Spieler des Landes. Er unterrichtet das Spiel auf dem Hackbrett auf vier Füßen am Konservatorium in Brünn und hat mit seinen Kompositionen dazu beigetragen, dass sich das Zymbal von der mährischen Volksmusik emanzipiert hat. Die Klänge sind ungewöhnlich, die Rhythmen modern. Sie machen Lust auf mehr, ich werde auf jeden Fall wiederkommen, beschließe ich nach etwa der Hälfte der Probe. Nebenbei lerne ich hier auch noch Wörter, die im Sprachkurs für Fortgeschrittene nicht dran waren: die Namen sämtlicher Orchesterinstrumente und die Anweisungen des Dirigenten (der übrigens Adolf mit Vornamen heißt, obwohl er dem Aussehen nach definitiv nach 1945 geboren sein muss). Besonders freut mich, dass er sich an manchen Stellen mehr *šturm* von uns wünscht. *Šturm* heißt in etwa dasselbe wie im Deutschen, ein bisschen mehr vielleicht. Die Musik soll nicht nur nach starkem Wind, Donner und Blitzen klingen, sondern auch nach Angriff, Attacke, Sturmgewehr, Wehrmacht – wobei die letzten beiden Assoziationen vielleicht nur ich habe und vielleicht auch nur wegen des Vornamens des Dirigenten. Oder weil heute der 8. Mai ist und ich mein schlechtes historisches Gewissen nicht ganz abstellen kann.

Mitten im nächsten *šturm* geht plötzlich die Tür auf, und ein Cellokoffer schiebt sich herein, dahinter ein großer junger Mann mit grünem Strickpullover, kurzen Haaren, ein bisschen verwirrtem Blick. Vašek. Er packt sein Cello aus und setzt sich wortlos neben mich. Beim Spielen grinst er ab und zu. Das verunsichert mich, ich fühle mich ertappt. Habe ich gerade falsch gespielt? Von Honza vorgewarnt traue ich mich nach der Probe nicht, Vašek anzusprechen. Aber das ist auch gar nicht nötig, weil er ganz von selbst auf mich zukommt. Wie heißt du, woher kommst du, wie lange bleibst du, was machst du in Prag, worüber schreibst du in der Zeitung, gefällt es dir hier? Vašek stellt mir all die Fragen, die ich mir bei meinem Smalltalk-Versuch vor der Probe von irgendjemandem gewünscht hätte. Und am Ende fragt mich Vašek, ausgerechnet der asoziale Vašek, nach meiner Handynummer.

Ich habe sie ihm gegeben, und vier Tage später schrieb er. Ob ich mit ins Konzert möchte, er habe Karten fürs Gemeindehaus. Die deutsche Übersetzung klingt ein wenig nach Mehrzweckhalle irgendwo in der Provinz. Dabei ist das Gemeindehaus, tschechisch *Obecní dům*, eines der imposantesten Gebäude der Stadt. Der Jugendstilbau entstand Anfang des 20. Jahrhunderts als architektonisches Symbol für die „Wiedergeburt" der tschechischen Nation, die man damals zu erleben glaubte. Die Tschechen fühlten sich als Teil der Habsburger Monarchie unterdrückt; solche Bauwerke sollten zeigen, wie groß ihre Nation war. „Gerne", antwortete ich Vašek. Es war ein paar Jahre her, dass ich zuletzt im *Obecní dům* war, außerdem interessierte mich das Programm. Und vielleicht ja auch ein bisschen Vašek.

Das Konzert ist am nächsten Tag, und in der Redaktion passiert das, was immer passiert, wenn man sich vornimmt, ausnahmsweise mal pünktlich nach Hause zu gehen. „Ich fahre morgen für zwei Wochen in Urlaub, Sie müssten also heute noch vorbeikommen", sagt der Medovník-Mann am Telefon. Ich wollte ihn irgendwann in den nächsten Tagen treffen, um etwas über den Honigkuchen zu erfahren, den man in fast jedem Prager Café bestellen kann. Nun muss es aber gleich sein. Wenn er nicht allzu lange redet, schaffe ich es noch, nach dem Treffen nach Hause zu fahren und dann mit Vašek ins Konzert zu gehen.

Ungeduldig sitze ich in der Straßenbahn, dann in der U-Bahn, dann im Bus. Die Fahrt kommt mir vor wie eine Reise ans Ende der Welt. Gebacken wird der Medovník in Chodov, einem Viertel im Südosten. Das Gebäude muss ich eine Weile suchen – ich hatte mir den Stadtplan nicht genau angeschaut, weil ich davon ausgegangen war, dass es ein großes Gelände sein würde, das ich gar nicht verfehlen kann. Immerhin werden dort täglich etwa 2000 Torten zubereitet. Aber abgesehen vom süßlichen Geruch in der Luft weist zwischen grauen Hochhäusern nichts auf eine Großbäckerei hin. Ich laufe zweimal im Kreis, bis meine Nase mich endlich ans Ziel führt, ein unscheinbares Gebäude mit großer Einfahrt. Etwa 250 000 Kilo Mehl werden hier im Jahr angeliefert, sagt der Geschäftsführer, nachdem er mich begrüßt hat; derzeit beschäftigt das Unternehmen sechzehn Bäckermeister, die nach einem alten slawischen Rezept aus Honig, Sahne und Kondensmilch Medovník machen.

Die Gründer des Unternehmens ahnten wohl nicht, dass sie irgendwann mehr als tausend Kilo Honig im Monat verarbeiten würden, als sie vor knapp zwanzig Jahren ihren Medovník aus Russland nach Tschechien brachten. Sie experimentierten mit einem alten Familienrezept, backten Kuchen für Freunde und Bekannte. Die bestellten immer mehr, aus drei wurden dreißig, dann 300 am Tag. Der Geschäftsführer will mir die Produktion zeigen. Er reicht mir einen weißen Plastikumhang, müllsackblaue Überzieher für die Schuhe und ein Haarnetz. Derzeit zählt die Firma knapp sechzig Angestellte, darunter viele Ehepaare: Die

Männer rollen in der Backstube den Teig aus, die Frauen bestreichen ihn anschließend mit Creme, verzieren den Kuchen mit Walnüssen und wickeln ihn in Frischhaltefolie. Ein Teil der fertigen Torten stapelt sich im Zwischenlager bei knapp über null Grad. Sie sind für den heimischen Markt bestimmt. Hinter einer dickeren Tür lagern die Kuchen für den Export. Verkauft werden sie im Ganzen oder aber in Stücken. „Das ist unser Bestseller", sagt der Geschäftsführer und deutet auf ein einzelnes Stück Medovník, in Frischhaltefolie gewickelt und Karton verpackt – eine Portion Kuchen für den Singlehaushalt verkauft sich vor allem im Supermarkt.

Ich fühle mich ertappt. Hin und wieder hole auch ich mir bei der netten Verkäuferin, mit der ich fast schon befreundet bin, ein Stück Single-Medovník. Vor allem aber fällt mir beim Stichwort Singlehaushalt mein Date mit Vašek wieder ein. Zwischen Kühlhaus und Backöfen habe ich die Zeit ganz vergessen. Jetzt schaffe ich es wahrscheinlich nicht mehr nach Hause und ins Konzert. Vašek absagen? Will ich nicht.

Als ich das Gelände verlasse, rieche ich wie früher in der Vorweihnachtszeit, wenn meine Mutter jeden Tag Plätzchen backte und der süßliche Duft aus dem Ofen sich in Jacken und Haaren festfraß. Duschen und umziehen oder Konzert? Die Straßenbahn schaukelt gemütlich in Richtung Zentrum. Das Schneckentempo macht mich wahnsinnig. Tief durchatmen. Aus meiner Handtasche ziehe ich erst den MP3-Player, dann die Ohrstöpsel und beginne umständlich, die verhedderten Kabel zu entwirren. Der Dackel, der mir gegenüber auf dem Boden sitzt, wirft mir kurz einen Hundeblick zu, erhebt sich und schmiegt sich an sein

Herrchen, einen großen, dicken Mann. „Er mag Mozart und Beethoven, sonst nichts", sagt der Hundehalter bestimmt. Ich hatte nicht vor, so laut aufzudrehen, dass die gesamte Tram mithören kann und ich hätte sowieso etwas Beruhigendes gehört. „Und was ist mit Brahms?", frage ich. Der ältere Herr ignoriert mich und krault seinem Waldi den Kopf. Ich wage nicht, die Musik anzuschalten.

Eine gefühlte Ewigkeit später erreiche ich das Gemeindehaus, kurz bevor auch Vašek ankommt. Glänzende Schuhe, Anzug, Krawatte, wie aus dem Ei gepellt. Sein Blick ist gnadenlos. Ich weiß, dass das Haarnetz in der Bäckerei meine ohnehin unspektakuläre Frisur komplett ruiniert hat; ich weiß, dass meine Schuhe eher sportlich-praktisch sind als elegant; ich weiß, dass ich eine Jeans trage (immerhin keine ausgewaschene, sondern eine dunkle, die einigermaßen gut sitzt) und eine Handtasche, die ich auch zum Wandertag mitnehmen könnte. Vašek mustert mich von oben bis unten. Er sagt irgendwas Ähnliches wie: „Aha, du trägst so etwas." Ich wollte noch nach Hause, um mich umzuziehen, stammle ich verlegen, aber dann musste ich noch zu einem Interview, es ging nicht anders ...

Ich wäre gerne in den Kabeltunneln versunken, die unter dem Gemeindehaus verlaufen. Hätte ich doch nur abgesagt. Vašek hält mir die Tür auf. Er hilft mir aus dem Mantel, um ihn an der Garderobe abzugeben. Hätte ich wenigstens eine Bluse an. Immerhin, er kommentiert meinen schlichten schwarzen Pullover nicht auch noch. Auf dem Weg in den Smetana-Saal mustere ich die anderen Besucher. Außer mir tragen vielleicht noch zwei Männer im Raum Jeans, aber dazu immerhin Sakko. Ein paar ältere Damen haben Stoffhosen an, alle anderen Rock oder Kleid.

Ich gehe nochmal auf die Toilette, vor allem um mich eine Weile dort zu verstecken. Nichts zu machen, das lässt sich nicht retten, beschließe ich nach dem Blick in den Spiegel. Vašek wartet schon ungeduldig. Und dann auch noch das: Wir sitzen in der zweiten Reihe, nicht irgendwo hinten, wo man sich gut verbergen kann.

Die Zeit bis zur Pause ist wunderbar, die Musik genial, das Orchester toll, der Solist überwältigend. Ich vergesse alles um mich herum. „Komm, wir schauen, ob wir jemanden kennen", schlägt Vašek in der Pause vor. Ich bete, dass wir niemandem begegnen. Aber natürlich trifft Vašek einen Bekannten, dem er mich vorstellt. Er sagt, dass wir uns aus dem Orchester kennen, aber nicht, dass ich aus Deutschland komme, und das freut mich, ebenso wie die Tatsache, dass er sich überhaupt keine Mühe gibt, laut und deutlich mit mir zu sprechen. Unter anderen Umständen hätte ich es vielleicht rücksichtslos gefunden. Aber bei Vašek deute ich es als Zeichen, dass es ihm ganz egal ist, dass ich ab und zu ein paar Grammatikfehler mache und meine Aussprache nicht perfekt ist. Er behandelte mich schon bei der Probe so herrlich normal – ein gutes Gefühl.

„Jetzt sagen wir noch Honza hallo", schlägt er vor, und ich folge ihm. Eine Treppe rauf, durch einen engen Gang. Wahrscheinlich kommen wir gleich hinter den Kulissen raus; vielleicht kennt er einen Bühnentechniker? Wir stehen vor einer Tür, die Vašek einfach ohne zu klopfen öffnet. „Hallo Vašek, was für eine Überraschung!" Noch einmal hoffe ich, dass sich kurz der Boden öffnet und ich in den Kabeltunneln versinken könnte. Wir stehen vor dem Solisten, der gerade noch so genial Cello gespielt hat. Nachdem er Vašek umarmt hat (sie kennen sich von der Musikschule, erfahre ich später), streckt er mir die Hand hin. „Sehr schön gespielt", ist alles, was mir in dem Moment einfällt.

Nach dem Konzert fragt Vašek, ob wir noch was trinken wollen, aber mich hat der Mut verlassen. Ich vertröste ihn aufs nächste Mal. Für heute habe ich mich (erfolglos) genug zu integrieren versucht, finde ich und will nur noch schlafen – noch immer auf der Matratze, die am Boden liegt, weil ich mich in den vergangenen Wochen entschlossen habe, es zunächst mit der vielleicht tschechischsten aller Problemlösungsstrategien zu probieren: Ich hatte mit meinem Bett erstmal gar nichts unternommen und abgewartet, ob es nicht vielleicht von selbst wieder zusammenwachsen würde.

Nachdem es mit der Integration bisher durchwachsen gelaufen ist, habe ich mir überlegt, es als nächstes mit der Kirche zu versuchen. Ich bin zwar nicht so katholisch, dass ich jeden Sonntag einen Gottesdienst besuchen muss, und Tschechien ist eines der atheistischsten Länder der Welt. Aber wenn wenige Minuten von meiner Wohnung entfernt schon eine – zumindest von außen – ziemlich hübsche Kirche steht, bin ich durchaus bereit, mir ab und zu mal anzuhören, was dort so gepredigt wird. Die Kirche enttäuscht mich nicht. Sehr barock, sehr schön, sehr kitschig-katholisch und noch dazu dem heiligen Johannes von Nepomuk geweiht, dem böhmischen Priester und Märtyrer, der sich der Legende nach lieber in der Moldau ertränken ließ, als das Beichtgeheimnis zu verraten. Statuen von ihm stehen deswegen nicht nur auf der Karlsbrücke, sondern auch auf vielen anderen Brücken in Böhmen und anderswo.

Als nun die ersten Töne der Orgel erklingen, bin ich noch ganz verzückt von so viel barocker Stimmung, doch das Staunen weicht schnell einer kleinen Enttäuschung, als der Pfarrer die Gemeinde auf Deutsch begrüßt. Ich habe übersehen, dass hier jeden Sonntag die Deutschsprachige Katholische Gemeinde Prag ihren Gottesdienst feiert. Der Pfarrer erinnert in seiner Predigt daran, dass man als Christ auch im Urlaub und auch im Ausland verpflichtet sei, sonntags zur Messe zu gehen – das ist mir dann doch etwas zu katholisch. Zudem sitzen in den Bänken Männer mit Lederhose und Trachtenjanker – das ist mir ganz entschieden zu deutsch. Nach dem Gottesdienst frage ich den Pfarrer trotzdem noch, ob es vielleicht möglich wäre, dass ich hier in der Kirche ab und zu Orgel üben oder vielleicht auch mal einen Gottesdienst musikalisch begleiten könnte? Ich habe eine Ausbildung zur nebenberuflichen Kirchenmusikerin abgeschlossen. Gerne, sagt er. Aber als ich ihn ein paar Wochen später frage, wann ich denn kommen könnte, passt es ihm zeitlich leider gerade gar nicht, und auch ein zweiter Versuch scheitert. Ob es wohl daran liegt, dass ich mich nicht mehr im Gottesdienst habe blicken lassen? Ich hake das Kapitel als weiteren gescheiterten Integrationsversuch ab. Und eigentlich würde ich mich sowieso lieber in eine tschechische Gemeinde integrieren als in eine deutschsprachige.

„Hast du nicht Lust mitzukommen?" Als meine Kollegen mich ein paar Tage später allen Ernstes auf eine Runde Doppelkopf einladen, liegt mir das „auf keinen Fall" schon auf den Lippen. Spiele, bei denen man viel nachdenken muss, habe ich schon immer gehasst. Zuletzt hat mein Ex-Freund verzweifelt versucht, mir Schafkopf beizubringen. Daran habe ich keine guten Erinnerungen, und ich ahne, dass es mit Doppelkopf nicht anders laufen würde. Andererseits habe ich noch keine Alternative für heute Abend. Ich könnte mich allein in eine Kneipe setzen und darauf warten, von einem Tschechen angesprochen zu werden. Aber die Aussichten auf Erfolg halte ich für gering. Mir graust zwar vor der Vorstellung, ein Kartenspiel lernen zu müssen. Aber die Gesellschaft meiner Kollegen erscheint mir doch sehr verlockend.

Es wird eine Weile dauern, bis ich durchschaut habe, worum es bei diesem Spiel geht, wie man Füchse fängt, wann man Schweinchen anmelden muss, wie eine Hochzeit funktioniert und wann man sich ein Solo trauen sollte. Aber irgendwie haben die vier es geschafft, was meine Mitschüler und Freunde jahrelang vergeblich versucht haben. Die Spiellust hat mich gepackt – wohl auch, weil ich mich in der Runde so wohl fühle: zwei Zeitungskollegen, ein Radiojournalist und ein freier Autor. Uns alle hat es irgendwie nach Prag verschlagen, und wir alle kommen nicht weg davon. Wir alle verzweifeln immer mal wieder an diesem Land, an den Leuten, an der Politik, der Bürokratie; aber wir alle lieben es auch irgendwie. In der Runde muss niemand erklären, warum er hier ist, niemand muss sich rechtfertigen, weshalb er sein Glück und einen Job nicht in Deutschland sucht (wie ich es schon so oft zu Hause getan habe), oder was genau er hier eigentlich will, welches Ziel er verfolgt. Wir sind einfach da, alle fünf, und sobald die ersten Karten verteilt werden, ist für ein paar Stunden vergessen, was in der nächsten Ausgabe auf Seite neun stehen soll, ob man über die fremdenfeindlichen Aussagen des Präsidenten einen Kommentar schreiben muss und wie man am besten an Daten für eine Infografik zu Lohnnebenkosten für die Wirtschaftsseiten kommt. Stattdessen

gibt es nur Kreuz, Pik, Herz oder Karo; die beiden Kreuz-
damen spielen zusammen, Trumpf sticht immer, und Farbe muss man bekennen. Was außerdem die Spielfreude
steigert: Im Stammlokal der Kartenspieler gibt es leckere
vegetarische Gerichte. Einen „Gruß vom Balkan" zum Beispiel – Fetakäse aus dem Ofen mit Tomaten, Peperoni, Zwiebeln und Olivenöl, dazu Pizzabrot. Und man wird nicht
einmal mit Verachtung gestraft, wenn man dazu Mineralwasser bestellt.

Als mich die vier eine Woche später wieder fragen, ob
ich mitkomme, muss ich gar nicht lange überlegen. Und
auch in den folgenden Wochen sage ich immer wieder zu,
bis der nette Kellner schon von selbst fragt, ob ich ein großes Wasser und den „Gruß vom Balkan" möchte. Es fühlt
sich an, als wäre ich ein *štamgast* geworden.

Ein wenig Sorgen macht mir allerdings, dass ich mich
nun doch irgendwie in eine Parallelgesellschaft integriert
habe, statt mich der tschechischen Mehrheit anzupassen.
Wir sprechen miteinander natürlich in unserer Muttersprache (wer jemals im Ausland gelebt und dort andere Deutsche getroffen hat, der weiß, wie absurd es ist, von Migran-
ten in Deutschland zu fordern, dass sie untereinander nicht
in ihrer Muttersprache sprechen). Und obendrein spielen
wir auch noch Doppelkopf, deutscher geht es ja fast nicht
mehr – und kaum katastrophaler für mein Integrations-
konto. Spaß macht es aber trotzdem.

Juni

Zu Mann und Frau

Obwohl ich nur zwei Nächte bleiben werde, bin ich schwer bepackt. Eine Freundin wird in der mährisch-schlesischen Provinz einen Tschechen heiraten. Ihre Familie aus Japan und Freunde aus Spanien, Frankreich und Deutschland wollen kommen. Ich habe mein Cello dabei; für die Trauung im Schloss von Bruntál hat sich das Brautpaar ein paar Lieder gewünscht. Mendelssohn, Kreisler, „Somewhere over the rainbow" und japanische Filmmusik. Außerdem trage ich noch einen Rucksack um den Bauch (auf dem Rücken befindet sich der Cellokoffer), eine Handtasche, Pullover, Schal und Jacke – aus Angst vor der Klimaanlage im Zug.

Am Bahnsteig tummeln sich außergewöhnlich viele Menschen. Was mich wundert, denn die Frau am Schalter hatte gesagt, man könne diesen Zug nur mit Platzkarte nehmen. Es sollte eigentlich nur so viele Passagiere wie Sitze geben. Der Zug steht schon da, problemlos finde ich meinen Wagen und den Sitzplatz, mit etwas Mühe und der Hilfe meiner Sitznachbarin hieve ich das Cello auf die Gepäckablage über dem Sitz. Das Abteil füllt sich. Die Dame schräg gegenüber will auch zu einer Hochzeit, die neben mir zu einem Wanderwochenende, ein junges Paar zu einem Festival. Die Menschen vor dem Fenster werden nicht weniger. Wir sollten seit zwei Minuten fahren. Seit vier, seit fünf. Seit zehn. Noch hätte ich genug Zeit zum Umsteigen in Olomouc. Die Klimaanlage funktioniert nicht, es ist stickig und heiß, zwölf Minuten Verspätung. Siebzehn. Achtzehn.

„Sehr geehrte Reisende", beginnt der Schaffner seine Durchsage. Dann erklärt er, dass der Zug leider heute zwei Waggons zu wenig habe. Sie seien vergessen worden, was aber nicht die Schuld der Tschechischen Bahn sei, stellt er klar. Es habe ein „technisches Problem" bei der Bereitstellung gegeben. *Z technických důvodů* („Aus technischen Gründen") ist in Tschechien ein sehr beliebter, weit verbreiteter Ausdruck. Wenn ein Aufzug nicht funktioniert, steht auf dem Zettel, der drauf hinweist, nicht einfach nur: „defekt", sondern: „Aus technischen Gründen ist diese Anlage derzeit außer Betrieb." Wenn ein Kioskbesitzer kurz auf Toilette geht, steht an seiner Ladentür: „Aus technischen Gründen vorübergehend geschlossen." Und wenn jemand an einem beliebigen Schalter irgendeinen Sonderwunsch äußert, ist die Wahrscheinlichkeit relativ hoch, dass er „aus technischen Gründen" abgelehnt wird. Ein junger Tscheche sagte mir einmal, der Ausdruck käme noch aus den Jahren der Planwirtschaft. Waren gerade keine Bananen oder keine Damenstrumpfhosen verfügbar, habe man das auf „technische Gründe" geschoben. Ob diese These stimmt, habe ich – aus technischen Gründen – noch nicht überprüft.

Jetzt schaue ich aus dem Fenster und beobachte die Wartenden. „Die Abfahrt verzögert sich um voraussichtlich zwanzig Minuten", meldet sich noch einmal der Schaffner. Das wird knapp. Wir warten noch eine Weile. Das Pärchen gegenüber diskutiert, welchen Film es während der Fahrt schauen will. Die Dame, die ebenfalls zu einer Hochzeit fährt, telefoniert aufgeregt mit ihrer Schwester; die Frau neben mir warnt ihre Freundin schon mal vor, dass es später wird. Ihr Wanderwochenende findet offenbar in der Nähe von Bruntál statt, sie hat denselben Anschlusszug wie ich. Erleichtert beschließe ich, mich unauffällig an sie zu halten. Unsere Verspätung beträgt jetzt schon dreißig Minuten, die Luft im Abteil könnte man schneiden. Ich bereue es, die Jeans angezogen und den dicken Schal mitgenommen zu haben. Der Schaffner rät uns rauszugehen, um frische Luft zu schnappen. Die Klimaanlage funktioniere derzeit nicht. Aus technischen Gründen.

Ich verstehe nicht, weshalb es so lange dauert, die zwei Waggons aufzutreiben. Wir stehen schließlich am Prager Hauptbahnhof, nicht irgendwo in der Pampa. (Dort war ich letzte Woche. Verspätung an zwei Reisetagen mit Bus und Bahn insgesamt: knapp vier Stunden.) Würden solche Pannen in Deutschland andauernd passieren, wäre ich ziemlich genervt. Schon zehn Minuten sinnloses Rumsitzen in der Münchner S-Bahn, weil mal wieder irgendeine Weiche am Ostbahnhof nicht so gestellt war, wie sie sollte, brachte mich auf die Palme. In Prag bin ich eher bereit ein Auge zuzudrücken. Vielleicht liegt es daran, dass Bahnfahren in Tschechien sehr viel billiger ist als in Deutschland. Mehr als fünfzehn Euro kostet kaum eine Fahrkarte, egal, wohin man fährt. In Deutschland kommt man für den Preis mit Glück gerade mal in die nächste Stadt, wenn die Tarifzonengrenzen günstig verlaufen. Ich glaube nicht, dass es in Tschechien sowas wie Tarifzonengrenzen überhaupt gibt. Vielleicht rührt meine Gelassenheit aber auch daher, dass es nicht „mein" Land ist, und dass ich mich deshalb weniger betroffen und betrogen fühle, wenn etwas nicht nach Plan läuft, sondern vielmehr wie ein Gast, der gerne distanziert beobachtet, wie sich die anderen in so einem Fall verhalten. Und gutmütig lächelt, wenn etwas nicht klappt. Oder es liegt daran, dass ich mir manchmal mit einem hochnäsigen westdeutsch-kapitalistischen Überlegenheitsgefühl vorstelle, dass es auch ein Vierteljahrhundert nach dem Zusammenbruch des Sozialismus verständlich ist, dass in Sachen Kundenorientierung manches noch geübt werden muss. Freundlichkeit im Restaurant zum Beispiel. Flexibilität in allen Lebenslagen. Oder das Bereitstellen von Waggons am Prager Hauptbahnhof.

Weitere dreißig Minuten vergehen. Am Bahnsteig rauchen die einen kopfschüttelnd Zigaretten, während die anderen sich mit den hilflos achselzuckenden Zugbegleitern anlegen. Mit etwas mehr als einer Stunde Verspätung fahren wir schließlich los. Der Schaffner entschuldigt sich per Durchsage, eine junge blonde Frau verteilt kostenlos stilles Wasser in 0,5-Liter-Flaschen. Der Zug in Olomouc könne leider nicht auf uns warten, erklären die Angestellten der Tschechischen Bahn. „Sie müssen den nächsten nehmen." Wann der fährt, verraten sie erst auf Nachfrage – aus gutem Grund. Statt um 20.28 Uhr werde ich voraussichtlich um 0.23 Uhr in Bruntál sein. Wartezeit in Olomouc: etwa drei Stunden.

Die Dame neben mir regt sich auf. Sie möchte den zuständigen Bahnangestellten in Olomouc sprechen, der Schaffner weigert sich, dessen Nummer herauszugeben. „Na, er sitzt ja im Warmen", sagt die Dame. Ich schwitze noch immer. Sie ruft ihre Freundin an, die sie in Olomouc abholen wird. Ich warte noch eine Weile, bis ich eine SMS nach Bruntál schicke: „Werde voraussichtlich erst nach Mitternacht ankommen. Gibt es einen Bus zur Pension?" Die

Antwort kenne ich schon vorher. Natürlich wird in der mäh-risch-schlesischen Pampa an einem Freitag nach Mitter-nacht kein Bus mehr fahren, nirgendwohin. Ein paar Mi-nuten später klingelt mein Handy. Yuko, die Freundin, die morgen David heiraten wird. Die beiden kennen sich erst seit einem guten Jahr, aber immer wenn ich sie bisher zusammen gesehen habe, hatte ich das Gefühl, dass sie füreinander bestimmt sind. Yuko lebt seit sechs Jahren in Tschechien, gibt Sprachkurse und schreibt an ihrer Doktor-arbeit über Roma-Musik. Im Gegensatz zu mir mag sie Bier und landestypische Fleischgerichte. David hat ihr zu-liebe Japanisch gelernt und per Skype bei ihren Eltern um Yukos Hand angehalten. Ihre Eltern sprechen nur Japanisch, seine Eltern nur Tschechisch. Morgen werden sie sich zum ersten Mal begegnen. Ich schaue auf die Uhr. Alle sind mittlerweile in Bruntál eingetroffen, ich werde die letzte sein. „Jemand könnte dich in Olomouc abholen", sagt Yuko. Ich lehne ab – ich möchte ihr am Abend vor der Hoch-zeit keine Umstände bereiten. Na gut, sagt sie, sie werde sich mit David beraten und nochmal anrufen. Als ich mein Handy wieder in die Handtasche stecke, wählt die unbe-kannte Dame neben mir, die dem Schaffner gegenüber so ungehalten war, noch einmal die Nummer ihrer Freun-din. „Können wir einen Umweg über Bruntál machen und haben wir noch Platz für eine Person mit einem großen Instrument, ich glaube einem Kontrabass?"

Drei Stunden später steigen wir in Olomouc gemein-sam ins Auto ihrer Freundin. Ich habe keine Ahnung von Automarken, aber ich weiß, dass es ein Škoda ist, der schon bessere Tage hatte und nicht in erster Linie auf den Trans-port großer Musikinstrumente ausgelegt ist. Also überhaupt nicht. Dass *škoda* wörtlich übersetzt „Schaden" bedeutet, tut hier nichts zur Sache. Die Freundinnen fallen sich um den Hals, ich werde als „Fräulein, das nicht so gut Tschechisch spricht" vorgestellt. Das „Fräulein" nehme ich meiner neuen Bekanntschaft nicht übel. Es ist in Tschechien nun mal noch immer ziemlich geläufig. Die Bemerkung über mein Tschechisch schon. Ich glaube nicht, dass ich im Gespräch mit ihr einen schlimmen Grammatik- oder Aussprachefehler gemacht habe. Zumindest hat sie auf alle meine Fragen so geantwortet, als hätte sie mich genau verstanden. Ich verstaue das Cello, eine Millimeterarbeit. Die Freundin hat sich von ihrem Mann fahren lassen, meine Mitfahrerin und ich müssen uns die Rückbank mit dem Cello teilen. Ein Kontrabass hätte ganz sicher nicht mehr ins Auto gepasst.

Noch einmal eine gute Stunde später (und nach zwei unfreiwilligen Stopps, weil es irgendein Problem mit der Kupplung gab und der Motor an einer Kreuzung einfach ausging) lassen sie mich in Bruntál aussteigen. Wieder einer dieser überdimensionierten Bahnhöfe mitten im Nirgendwo, von denen ich schon so viele in Tschechien gesehen habe. Ein großzügiges Busterminal mit moderner Dachkonstruktion und digitalen Anzeigetafeln, die noch im Testbetrieb laufen. Ein Bus fährt hier nicht ab, also nicht an einem Freitag nach zwanzig Uhr. Gewiss hat die EU kräftig mitfinanziert, Infrastruktur ist schließlich wichtig. Mich rettet an diesem Abend aber nur die private Infrastruktur. Der Bräutigam von morgen kommt mit dem Kleinbus, den die beiden für den Transport der Hochzeitsgäste gemietet haben.

Der große Tag beginnt um sechs Uhr morgens mit dem Klang einer Motorsäge. Hinter der Pension, direkt vor dem

Fenster meines Zimmers, schneidet der Nachbar Baumstämme klein. Eineinhalb Stunden später klingelt endlich der Wecker, das Geräusch draußen verstummt, die Frühschicht ist offenbar zu Ende. Vor dem Frühstück packe ich kurz mein Cello aus, spiele ein paar Töne, erst eine Tonleiter, dann das „Lied ohne Worte", das die beiden sich für den Anfang gewünscht haben. Ich stecke die Noten wieder in die Tasche, drehe an der Schraube, um den Bogen zu entspannen – und spüre plötzlich, wie der Widerstand im Inneren, im sogenannten Frosch des Cellobogens, wegbricht. Die Schraube lässt sich nicht mehr in die Mutter drehen, der Bogen nicht mehr spannen. Ich kann nicht mehr spielen. Es ist kurz nach halb neun, nicht einmal zwei Stunden bis zur Trauung. *Do prdele*, rutscht es mir heraus und kurz wundere ich mich, dass ich als Erstes auf Tschechisch fluche. Einen zweiten Bogen habe ich nicht. Ich fluche nochmal auf Deutsch, dann renne ich zur Rezeption. „Kennen Sie jemanden, der Cello spielt? Gibt es einen Geigenbauer in Bruntál? Eine Musikschule? Irgendjemanden, der an einem Samstagvormittag einer Wildfremden für eine Stunde einen Bogen leiht?" Nach langem Erklären halte ich einen kleinen Zettel in der Hand, mit Bleistift steht darauf die Nummer eines Geigers geschrieben. Ein Funke Hoffnung.

Tut. Tut. Tut-tut-tut-tut-tut. Kein Netz. Draußen versuche ich es noch einmal. Nach einer gefühlten Ewigkeit hebt die Frau des Geigers ab. Was wollen Sie? Die Mitfahrerin von gestern hatte wohl recht. Mein Tschechisch ist schlecht. Zu schlecht jedenfalls, um ihr in diesem Moment zu erklären, was ich will. „Und Sie wollen mit einem Geigenbogen auf dem Cello spielen?" Natürlich weiß ich genauso gut wie sie, dass das nicht funktioniert. Aber vielleicht kennt sie ja jemanden? Nein, und ihr Mann ist nicht da. Tut. Tut. Tut.

Nochmal an die Rezeption. Kurz nach neun. Noch eine Nummer? Der nette Kellner ruft bei jemandem an, der jemanden kennt, der vielleicht weiß, ob es in der Volkshochschule jemanden gibt, der helfen kann. Gibt es nicht. Nicht am Samstagmorgen. Und woanders? In der nächstgrößeren Stadt? Der Kellner googelt. Opava. 37 Kilometer entfernt, 35 Minuten ohne Verkehr, sagt Google. Noch knapp siebzig Minuten bis zur Trauung. Der Kellner schreibt wieder eine Nummer auf einen Zettel.

Tut. Tut. Tut. Niemand hebt ab. Mir ist schlecht. Ein paar Minuten später klingelt mein Handy. „Sie haben mich gerade angerufen?" Der Mann aus dem Musikgeschäft in Opava. Hm, er weiß nicht so genau. Er ist noch nicht im Laden, er müsste erst schauen, ob er einen Bogen hat. Er meldet sich wieder. Gleich ist es halb zehn. 45 Minuten bis zur Trauung. Die Hochzeitsgesellschaft versammelt sich draußen. Die Mutter der Braut im Kimono, der Vater im Anzug. Yuko sieht mit einem schlichten weißen Kleid und orangefarbenen Sandalen umwerfend aus. Mir ist noch immer übel. Er hat einen Bogen da, meldet sich der Musikhändler aus Opava, ich könne ihn abholen. Selbst wenn ich ein Auto hätte, würde ich es jetzt nicht mehr nach Opava und zurück schaffen. Ein Bus fährt natürlich nicht. Könnte er den Bogen vielleicht mit einem Taxi schicken? Ich würde auch zahlen. Ich habe viel geübt für die Hochzeit, so gerne würde ich dem Brautpaar die Lieder spielen, die es sich gewünscht hat. „Also mit dem Taxi, ich weiß nicht", sagt der Mann in Opava. Er will überlegen und sich wieder melden.

9.45 Uhr. Wir fahren zum Schloss von Bruntál, wo die Trauung stattfinden soll. Smalltalk mit den anderen Gästen aus Japan und Spanien. Nochmal klingelt das Handy. Mit dem Taxi wäre es nicht zu schaffen, sagt der Musikhändler. Er werde sich jetzt auf sein Motorrad setzen und mir den Bogen bringen. Noch 25 Minuten bis zur Trauung. Während die anderen schon das Schloss besichtigen, suche ich am Marktplatz einen Geldautomaten. Nochmal klingelt das Handy, er sei unterwegs, sagt der Motorradfahrer, aber er kenne sich in Bruntál nicht aus, ob ich ihm nicht entgegenkommen könne zum Ortsausgang. Nein, ich kenne mich auch nicht aus und habe kein Auto. Aber das Schloss werde schon nicht so schwer zu finden sein, sage ich ihm. Drinnen begrüßt die Standesbeamtin die Gäste. Es ist 10.15 Uhr. Die Trauung soll beginnen. Sie redet noch immer. 10.16 Uhr. 10.17 Uhr. Mein Handy klingelt. „Ich bin da", sagt der Mann aus Opava. Ich renne aus dem Schloss, muss mich beherrschen, dem Motorradfahrer nicht um den Hals zu fallen. Er drückt mir den Bogen in die Hand, ich ihm das Geld. „Danke, Danke vielen Dank."

Der Bogen ist nicht so gut wie mein eigener, aber nach ein paar kratzigen Tönen klingt es ganz passabel. Außerdem konzentrieren sich die wenigsten Gäste auf die Musik. Wichtiger ist, was sich vorne abspielt. Die standesamtliche Zeremonie ist feierlicher als ich es aus Deutschland kenne. Damit auch ihre Familie versteht, was passiert, hat Yuko alle Texte vorher ins Japanische übersetzt. Jetzt sprechen abwechselnd die tschechische Standesbeamtin und ein Freund Yukos aus Brünn, ein Tscheche, der ein Jahr in Japan studiert hat und die Übersetzung vorträgt. Die Standesbeamtin zitiert aus dem „Kleinen Prinzen", was mich überrascht.

So schöne Worte habe ich noch nie aus dem Mund eines tschechischen Staatsdieners gehört. Vom Ringetausch bekomme ich nicht viel mit, weil ich noch einmal spiele. Aber ich merke, dass alles gutgegangen ist. Beide haben *ano* gesagt, tatsächlich *ano*, nicht *joooo*.

Yuko heißt mit Nachnamen von nun an Kohout wie David. Nur auf das -ová als Nachsilbe hat sie verzichtet. Für die Tschechen wird sich das komisch anhören, denn sie sind es gewohnt, jeder Frau ausnahmslos eine weibliche Endung ihres Nachnamens zu verpassen. Angela Merkelová und Hillary Clintonová können sich dagegen genauso wenig wehren wie Julia Robertsová oder Tina Turnerová. Über Sinn und Unsinn der drei Buchstaben lässt sich streiten. Die Endung -ová klinge zu besitzanzeigend, meinen manche, sie signalisiere, dass die Frau zum Mann gehöre, ähnlich wie Karlovo náměstí (mit -ovo) deutlich macht, dass es sich um Karls Platz, also um den Karlsplatz handelt. Vor kurzem habe ich in einer tschechischen Zeitschrift ein Interview mit einer Sprachwissenschaftlerin gelesen, die sich für die Wahlfreiheit der Tschechinnen einsetzt. Bisher müssen sie auf dem Standesamt schwindeln, sich zum Beispiel als Ausländerinnen ausgeben, damit ihnen das -ová erspart bleibt. Die strengen Regeln, sagte die Wissenschaftlerin, haben ihre Wurzeln in der Nachkriegszeit. Als die meisten Deutschen vertrieben oder ausgesiedelt wurden, sollten die Namen derer, die blieben, wenigstens tschechisch klingen: Aus Elisabeth Wagner wurde Eliška Wagnerová, aus Maria Schwab Marie Švábová. Aus Antonia Anton wurde Antonia Antonová.

Wobei, vielleicht trug sie auch vorher schon das -ová. Denn Antonia war Tschechin und mit dem Onkel meines

Opas, einem Deutschen, verheiratet. Ich weiß eigentlich nichts über sie, außer dass sie in den Erzählungen meiner Großeltern die Böse war. Die Tschechin. Die Stiefmutter. Mein Opa Karl, geboren 1914 im Königreich Böhmen, verlor seinen Vater im Ersten Weltkrieg. Als er vierzehn war, starb auch seine Mutter. Sein Onkel Ernst und dessen tschechische Frau Antonia nahmen ihn zu sich. Was genau Antonia so böse machte, weiß heute keiner mehr. Ich erinnere mich an Geschichten, in denen es um Essen ging, ein Stück Brot mit Butter wahrscheinlich, aber nicht mehr an die Details. Mehr und verlässlichere Informationen gibt es über Antonias Mann. Als ich einmal, nach dem Tod meiner Oma, einen Stapel alter Fotos durchsah, stieß ich auf ein Stück vergilbtes, brüchig gewordenes Papier: den Entlassungsschein, den Ernst in den Händen hielt, als er aus dem Konzentrationslager nach Hause gehen durfte. Er sei in der Kommunistischen Partei gewesen, sagte mir später mein Vater. Vielleicht half ihm das Papier nach dem Krieg. Vielleicht hatte er es auch seiner tschechischen Frau zu verdanken, dass er nicht vertrieben wurde. Antonia Antonová. Ich will nicht glauben, dass sie so böse war, wie sie mir aus den Geschichten meiner Großeltern in Erinnerung geblieben ist.

Vielleicht liegt es auch ein bisschen an dieser geheimnisvollen Antonia, der einzigen echten Tschechin in der Familie, dass mich ein -ová an meinem Nachnamen nicht stören würde. Manchmal war ich sogar schon versucht, mich als Frau Antonová auszugeben, um nicht sofort als Ausländerin erkannt zu werden. Doch dann brachte ich es doch nicht über die Lippen. Sollte mich jemals ein Tscheche heiraten wollen, werde ich nochmal darüber nachdenken.

Yuko jedenfalls, die ich vor ihrer Hochzeit noch nie in einem Kleid und mit offenen Schuhen gesehen habe, sieht auch ohne -ová verdammt glücklich aus. Obwohl ich vorher dachte, ich würde beim Anblick eines Brautpaars in Tränen ausbrechen, macht es plötzlich auch mich glücklich, sie so zu sehen. Es wird später genau einen Moment geben, in dem ich den Tränen nahe bin: nach dem ersten Tanz des Brautpaars, als die Pärchen um mich herum ebenfalls zu tanzen beginnen und ich allein neben dem kalten Buffet stehen bleibe. Aber es dauert nur ein paar Sekunden, da kommt der Bräutigam auf mich zu und zieht mich auf die Tanzfläche, kurz nur, aber lang genug, um meine traurige Single-Seele zu trösten. Danach bleibt keine Zeit mehr für Trübsal – zu nett sind die Gäste, zu interessant ihre Geschichten, um sich der Melancholie hinzugeben.

Da ist zum Beispiel eine junge Frau aus Bruntál, wahrscheinlich eine Cousine des Bräutigams, die Anglistik studiert und demnächst als Gast zu einer islamischen Hochzeit nach Tunesien fliegen wird. Vor kurzem hat sie begonnen, ihrer Mutter Englischunterricht zu geben, weil für sie feststeht: „Einen Tschechen werde ich ganz bestimmt nicht heiraten." Auf der anderen Seite des Tisches sitzt eine Cousine der Braut, eine Grundschullehrerin, die in Japan studiert und ein Jahr in Uganda unterrichtet hat. Dazwischen unterhält sich ein gut aussehender Franzose („Ich bin Maurice, Rechtsanwalt, ich arbeite für die französische Regierung") angeregt mit einem bodenständigen Verwandten des Bräutigams („Ach du Scheiße, und ich bin der Honza, Vorarbeiter in einer Fabrik hier in Bruntál"). Bei ein, zwei Gläsern Sliwowitz schmieden die beiden einen Plan: Maurice soll dafür sorgen, dass irgendeine französische Firma ein neues

Werk in Bruntál eröffnet, Honza wird Generaldirektor. Da ich ab und zu beim Übersetzen helfe (Maurice spricht nur ein wenig Tschechisch, Honza kein Französisch und kaum Englisch), springt auch für mich ein Posten raus: Ich werde Assistentin und Übersetzerin des Generaldirektors. Auch auf den Lohn haben wir uns schon geeinigt: je 2000 Euro im Monat für Honza und für mich, schlägt er vor, ich bin sofort einverstanden. Ansonsten verläuft die tschechisch-japanische Hochzeit nicht anders als eine deutsche – vom Anschneiden der Hochzeitstorte über Brautstraußwerfen bis zum Mitternachtsbuffet.

Und auch die Nachwirkungen sind ähnlich. Am nächsten Morgen bestellen sich einige Gäste einen halben Liter Leitungswasser zum Frühstück. Der Abschied ist traurig. Ich nehme mir vor, die Einladung des Brautvaters anzunehmen und die Familie in Japan zu besuchen. Dann fahre ich mit Maurice bis Olomouc – dort hatte er sich ein Auto gemietet – weiter wollen wir gemeinsam den Zug nach Prag nehmen (einen mit Steckdosen, damit er sein Smartphone aufladen kann, verlangt Maurice am Ticketschalter).

Knapp zwanzig Minuten bleiben bis zur Abfahrt, zu wenig für einen Stadtspaziergang, aber genug für ein Wasser im Bahnhofscafé. „Du bist eingeladen", sagt Maurice. Mein Instinkt lässt mich den Kopf schütteln. „Nein, nein, das kommt nicht in Frage." Ich bin es erstens aus Deutschland nicht gewohnt, dass Männer mich einladen, und lehne es zweitens als Journalistin prinzipiell ab, wenn jemand meine Rechnung begleichen will. „Oh, you are so German", sagt Maurice und kramt eine Zwanzig-Kronen-Münze aus dem Geldbeutel. „Das heißt, ich lade dich ein", erklärt er und deutet auf das Abbild des heiligen Wenzel auf seinem

Pferd. Wenn die Münze auf die andere Seite fällt, habe ich die Wahl. Der Nationalheilige ist mir gewogen, ich darf entscheiden. „Ich habe so viel Kleingeld", versucht Maurice es noch einmal. Aber ich auch. Ich zahle mein Wasser selbst und drücke dem Kellner dreißig Kronen in kleinen Münzen in die Hand. Auf dem Weg zum Zug kaufen wir noch Proviant, ich nehme Kekse, noch eine Flasche Wasser und eine Spinattasche. 59 Kronen will die Verkäuferin dafür haben. Plötzlich fällt mir auf, dass die meisten Münzen in meinem Portemonnaie Euro- und Centstücke sind. Ich lege fünfzig Kronen in das kleine Plastikschälchen auf dem Verkaufstisch, 52, 54, 56, 57, 58. Mist. Sie schüttelt den Kopf. „Das reicht nicht." Maurice steht hinter mir. Ich suche nach dem Tausender, werde rot und packe meine Münzen wieder ein, ohne mich umzudrehen. Als wir den Laden verlassen, schüttelt mein Begleiter den Kopf. „Jetzt habe ich mich nicht getraut", sagt er. „Aber das nächste Mal lässt du dich doch besser von mir einladen."

Der Zug kommt diesmal pünktlich und in voller Länge. Die Klimaanlage funktioniert so gut, dass meine Füße zu Eiszapfen werden und ich trotz Pullover, Schal und Jacke die ganze Fahrt friere. Als wir uns in Prag verabschieden, fragt Maurice nicht nach meiner Nummer. Er habe mich schon als Facebook-Freundin hinzugefügt, versichert er mir. „Aber ich sage es noch einmal: Wenn ich in Prag bin, fühle ich mich wie zu Hause. Das heißt, wenn wir etwas trinken gehen, werde ich dich auf jeden Fall einladen." Ich wage nicht, ihm zu widersprechen.

Juli

Im Gleichgewicht

Mich nerven diese Dinger auch. Manchmal kündigen sie sich mit einem leisen Surren an, oft hört und ahnt man aber gar nichts, zuckt nur zusammen und kann gerade noch zur Seite springen, wenn eine Segway-Gruppe anrollt. Einzeln könnte man sie noch dulden. Aber sie kommen meistens in Gruppen, bestückt mit Touristen, die zu faul oder zu cool sind, die Stadt zu Fuß zu erkunden. Die Prager verdrehen zu Recht die Augen, wenn man das Thema Segway anspricht. Wirklich ein Unding sind diese Stehroller, finde ich. Ganz heimlich bin ich aber auch ein bisschen neugierig, wie es wohl ist, auf so einem Ding zu fahren. Es sieht lässig aus. Zwei Räder, Motor, eine Stange zum Festhalten – wie steuert man das, ohne das Gleichgewicht zu verlieren? Immer wenn ich demonstrativ kopfschüttelnd an so einer Gruppe vorbeilaufe, juckt es mich in den Füßen. Das würde ich natürlich nie im Leben zugeben. Ich bin ja kein Touri, der so einen Blödsinn mitmacht und brave Bürger belästigt. Bis ich eine Pressemitteilung des tschechischen Verkehrsministeriums entdecke. Es will die Stehroller von den Bürgersteigen verbannen und schlägt vor, sie nur noch auf Fahrradwegen oder in ausgewiesenen Zonen zuzulassen. Als Grund nennt das Ministerium, dass es immer mehr Zusammenstöße mit Fußgängern gibt. Es weist darauf hin, dass hauptsächlich Touristen mit Segways unterwegs seien: Weil sie meist ungeübt im Umgang mit den

Geräten seien und sich damit deutlich schneller bewegten als Fußgänger, käme es zu Unfällen.

Drei Tage später stehe ich vor dem Hotel Intercontinental und lasse mir von Kristýna einen Helm verpassen. Ich bin selbstverständlich nicht als Touristin zur Tour angemeldet, sondern als Reporterin. Ich muss ja schließlich wissen, ob die Pläne des Ministeriums gerechtfertigt sind. Kristýna ist 23, Fremdenführerin und Segway-Instruktorin. In ihrer orange-rot leuchtenden Jacke wird sie uns zwei Stunden lang auf den elektrisch angetriebenen Einpersonentransportern durch die Stadt geleiten. Ich habe mich einer Gruppe aus Norwegen angeschlossen, zwei Paare um die fünfzig. Die Frauen wirken ein wenig nervös; ohne Norwegisch zu können, verstehe ich das Wort „skeptisch". Zuerst müssen wir mit unserer Unterschrift bestätigen, dass wir weder schwerer als 115 Kilo noch schwanger sind oder unter Alkoholeinfluss stehen. „In Prag sind wir Fußgänger", erklärt Kristýna dann. Für die Tour heißt das, dass wir auf Gehwegen oder durch Fußgängerzonen fahren werden, und zwar höchstens mit elf Kilometern pro Stunde. Zuerst sollen wir uns aber auf dem großen Platz vor dem Hotel mit den Geräten vertraut machen.

Ein Segway wiegt etwa fünfzig Kilo und fährt bis zu zwanzig Kilometer pro Stunde. Ich habe Respekt vor der Maschine, die noch an einer Mauer lehnt, weil sie ohne Fahrer nicht stehen kann. Das Gefährt besteht tatsächlich nur aus zwei Rädern und einer Lenkstange sowie der Plattform, auf die ich vorsichtig erst den linken Fuß setze. Dann den rechten. Es gibt weder Gaspedal noch Bremse. Allein mit meiner Körperhaltung bestimme ich über Stillstand und Beschleunigung: Wenn ich mich leicht nach vorne beuge, fahre ich schneller, wenn ich mich zurücklehne langsamer. Will ich stehenbleiben, muss ich genau die Mitte finden. Auf dem Übungsplatz fahren wir vorwärts und rückwärts, versuchen stillzustehen und eine kleine Rampe zu überwinden. Später wird Kristýna mir erzählen, dass sie die Übungszeit verdoppelt habe, weil eine der beiden Norwegerinnen sehr unsicher war. „Immer hinter mir, in einer Linie", gibt sie das Kommando zur Abfahrt in Richtung Rudolfinum.

Die ersten Meter fühlen sich wackelig an, meine Füße verkrampfen, weil ich versuche, mich mit den Zehen auf der Plattform festzukrallen. Ich spüre jeden Pflasterstein, die kleinste Bordsteinkante kommt mir wie ein Hügel vor, die Überquerung der ersten Fußgängerampel über Kopfsteinpflaster und Bahngleise ist eine Herausforderung. Beim ersten Stopp vor dem Rudolfinum erzählt Kristýna was vom „Dreieck von Kunst, Kultur und Bildung", von der Tschechischen Philharmonie, der Karls-Universität und dem Kunstgewerbemuseum. Ich konzentriere mich hauptsächlich darauf, ruhig auf der Stelle zu stehen. Weiter geht es auf dem Gehweg über die Mánes-Brücke. Die meisten Fußgänger begegnen uns freundlich, manche neugierig. „Das möchte ich auch mal ausprobieren", hört man im Vorbeifahren in verschiedenen Sprachen. Auf der Kleinseite rollen wir durch die Neruda-Gasse in Richtung Burg. Die beiden Norweger sind mutig, fahren Slalom und springen über die Bordsteinkante. Die beiden Frauen dagegen lassen sich von Kristýna helfen, als es ein Stück steil bergab geht.

Auch ich suche noch die richtige Balance. Das Gerät reagiert sensibel auf die kleinste Gewichtsverlagerung und ich muss mich auf jede Bewegung konzentrieren, als ich meine Kamera aus dem Rucksack hole und Fotos mache. Eine Herausforderung sind auch Passanten, die vor einem Geschäft plötzlich stehenbleiben, Touristen, die beim Gehen nur auf ihr Telefon oder einen Stadtplan schauen, und Hunde in Katzengröße, die sich unberechenbar über den Bürgersteig bewegen (definitiv unter vier Kilo). Im größten Gewühl kommen wir nicht schneller vorwärts als die Fußgänger. Wenn der Gehsteig enger wird, weil eine Laterne oder ein Straßenschild den Weg versperrt, muss ich entweder lange warten, um alle Entgegenkommenden passieren zu lassen, oder langsam fahren und hoffen, dass die Fußgänger Verständnis haben. „Segway ist ja eine gute Sache, aber doch nicht hier", höre ich eine französische Touristin zu ihren Begleitern sagen.

Unsere Tour geht nach gut zwei Stunden ohne Zusammenstöße zu Ende. Ich habe mich mit der Maschine angefreundet. Von der Burg sind wir an der Loreto-Kirche und dem Strahov-Kloster vorbeigefahren, durch die Gärten des Petřín wieder bergab, schließlich vorbei am Nationaltheater und Altstädter Ring zum unteren Ende des Wenzelsplatzes und zurück zum Hotel.

Wir haben deutlich mehr gesehen, als man zu Fuß in derselben Zeit schaffen würde. Die norwegischen Touristen haben von Kristýna einen herrlichen Blick auf die Burg und ein paar Tipps bekommen, was sie sich in den nächsten Tagen genauer anschauen sollen. Sie sind zufrieden mit der Tour und schütteln ihre Beine aus. Auch ich habe noch ein wenig steife Knie und kribbelnde Finger, als ich wieder festen Boden unter den Füßen spüre. Und ich muss zugeben, dass es mir auch ein bisschen Spaß gemacht hat.

Zu Hause bin ich vielleicht noch etwas übermütig von

meinem Segway-Experiment, vielleicht habe ich trotz Helm auch einen leichten Sonnenstich abbekommen. Auf jeden Fall bin ich überzeugt, dass heute der Tag gekommen ist, an dem ich wieder in meinem Bett schlafen kann. Die Taktik, erstmal nichts zu unternehmen ist tatsächlich aufgegangen. Während ich auf der tschechisch-japanischen Hochzeit war, hat mein Vermieter nicht nur die Glühbirne gewechselt, die seit Monaten kaputt war, sondern auch den Rahmen meines Bettes wieder zusammengeschraubt und die Latten einsortiert. Ich habe noch immer ein mulmiges Gefühl, wenn ich mich vorsichtig aufs Bett setze. Aber bisher hat es alle meine Tests ohne Makel bestanden. Damit ich ruhig darin schlafen kann, schiebe ich die alte Matratze unter mein Bett und lege die neue auf die Latten. Sollte der Rahmen wieder nachgeben, fallen die Matratze, mein Teddy und ich höchstens ein paar Zentimeter und landen weich.

Der nächste Tag könnte gefährlich werden, zumindest wenn man Petr glaubt. Bei ihm habe ich mich zu einer Stadtführung der anderen Art angemeldet. Auch in journalistischer Mission, diesmal aber ganz untouristisch. Wahrscheinlich bin ich sogar die einzige Nicht-Pragerin, die sich der Gruppe angeschlossen hat. Es geht in die Siedlung Na slatinách, eine Armenkolonie im Südosten der Stadt, gut sechs Kilometer Fußweg vom Altstädter Ring entfernt. Es soll Taxifahrer geben, die sich in der Dämmerung weigern hierherzufahren, behauptet Petr, und Menschen, die sich nach 18 Uhr nicht mehr aus ihren Häusern trauen, weil sie Angst haben, dass sonst eingebrochen wird. Unsinn, es lebe sich ganz gut hier, hält ein Anwohner dagegen. Man werde höchstens mal von einem Hund gebissen, sagt ein anderer. Laut Petr ist Na slatinách die einzige große Armenkolonie aus der Ersten Republik, also den Jahren 1918 bis 1938, die bis heute überdauert hat.

Unsere Tour beginnt vor dem Fußballstadion von Slavia Prag in Vršovice. Erst vor kurzem war ich hier mit anderen „Exildeutschen" bei einem Länderspiel der U21, Deutschland gegen Dänemark. Es ging um die Europameisterschaft. Um uns herum saßen deutsche Fans. Man muss wohl ziemlich enthusiastisch sein, um zu einem U21-EM-Spiel der Gruppenphase ein paar hundert Kilometer nach Tschechien zu fahren. Als am Anfang die Nationalhymne erklang, standen sie alle auf und sangen aus voller Kehle mit, manche sogar noch mit der Hand auf der Brust. Mir war das suspekt. Als Kind habe ich mich immer neben den Fernseher gestellt, wenn ich mit meinem Vater Fußball schauen durfte, und die Hymne mitgesungen. Aber heute, als erwachsene Frau, im Ausland – irgendwie wollte mir der Text nicht über die Lippen. Ich blickte nach rechts zu meinen Kollegen und nach links zu einer deutschen Freundin, die auch in Prag lebt. Anscheinend ging es ihnen allen wie mir. Ein wenig verlegen summte ich vor mich hin, froh, dass die Hymne bald vorbei war. Das Spiel begann recht unterhaltsam. Irgendwann kurz vor der Halbzeit fingen allerdings die Fans um uns herum an zu singen: „Steht auf, wenn ihr Deutsche seid!" Wieder schaute ich nach links und nach rechts. Wieder fanden die anderen Wahlprager es genauso komisch wie ich, sich hier als Deutsche zu outen. Wir blieben sitzen und nahmen in Kauf, dass wir ein paar Minuten nichts sahen. Bei den Toren für Deutschland sprangen wir dann aber schon auf, um zu jubeln.

Jetzt versuche ich, unter all den Pragern nicht als Deutsche aufzufallen. Höre Petr zu und mache Notizen. Wir laufen durch die Eisenbahnunterführung, dann nach links zur Siedlung Sedmidomky, in den ersten, den „besseren Teil des Slums", wie Petr sagt. Er hat mich schon bei der Anmeldung darauf hingewiesen, dass festes Schuhwerk nötig sei. Wir befinden uns noch immer in der Hauptstadt, aber die meisten Wege hier sind weder geteert noch gepflastert, oft geht es über Schotterwege mit Schlaglöchern. Früher hätten sich Polizisten nur zu zweit hierher getraut und nur auf Pferden, meint Petr. Früher, das war in den Zwanzigerjahren, als aus der tschechoslowakischen Hauptstadt eine Metropole wurde. Prag brauchte Beamte, Eisenbahner und Handwerker. Oft kamen sie vom Land und fanden kaum bezahlbare Wohnungen in der Stadt. Mehrere Armenkolonien sind zu dieser Zeit entstanden. Die Menschen richteten sich in Schwarzbauten ein, zusammengebastelt aus Brettern, Blech und Steinen, die sie irgendwo auftreiben konnten. So auch die Siedlung Na slatinách, im Deutschen etwa „Auf dem Schlamm" oder „Auf dem Moor".

Als wir um die Kurve gehen, zeigt sich, dass die Polizisten hier noch immer zu zweit unterwegs sind, heute allerdings auf Fahrrädern. Und sie sind mit eingezogen in die Kolonie. Die Dienststelle liegt in der Straße Sedmidomky, umgeben von grauen Mauern und hohen Zäunen sieht sie aus wie ein Gefängnis. Die Gegend sei „ein Ort, der zu jeder Tages- und Nachtzeit Gelegenheit zum Einbruch und zum Diebstahl von Fahrzeugen sowie zu weiteren Eigentumsdelikten bietet", warnt die Polizei. Kein Wunder, dass manche Anwohner ein doppeltes Eisenschloss an ihrer Gartentür angebracht haben. Oder Stacheldrahtzaun.

Gut gesichert sind vor allem die schön herausgeputzten Grundstücke mit Gartenzwergen, Geranien und Swimmingpool – denn auch die gibt es im Slum, der viel mehr ist als ein Elendsviertel. In den offiziellen Plänen der Stadt sei die Siedlung als Gartenkolonie ausgewiesen, erklärt uns Petr. Ganz falsch ist das nicht. Schon in den Zwanzigerjahren wurden hier auch Tomaten gepflanzt und Kartoffeln angebaut. Als die ersten Häuser entstanden, kämpfte die Stadtverwaltung dagegen an, ließ einige wieder abreißen. Erst nach ein paar Jahren begann die Stadt, selbst Sozialwohnungen zu bauen, einfache vier mal acht Meter kleine Häuser, von denen einige noch stehen. Die kommunistische Regierung versuchte später noch einmal, die Siedlung aufzulösen. Wer auszog, bekam als Entschädigung Geld und eine Wohnung im modernen Plattenbau. Doch viele blieben oder kamen wieder zurück.

Heute gebe es vier Gruppen von Einwohnern, sagt Petr, während hinter ihm aus einem Grundstück schwarzer Rauch und dunkelgraue Aschepartikel in den Himmel steigen. Eine Gruppe sind die Einheimischen, die schon lange hier leben, die sich auf ihren Grundstücken gut eingerichtet haben, auch wenn diese nicht an die Kanalisation oder das Gasnetz angeschlossen sind. Die zweite Gruppe kommt vor allem in den Ferien und am Wochenende. Ihr gehören die Grundstücke mit Schaukel unterm Apfelbaum, mit symmetrisch angelegten Blumenbeeten und Windspiel an der Eingangstür. Die Besitzer leben in der Innenstadt oder außerhalb von Prag. Wie andere samstags aufs Landhaus in die Berge fahren, machen sie ihren Ausflug in die Kolonie, wo sie sich auf wenigen Quadratmetern eine kleine Idylle geschaffen haben. Oft trennt sie nur ein Maschendrahtzaun, manchmal auch ein Eisentor von den Bewohnern der anderen beiden Gruppen: den Obdachlosen, die hier dauerhaft eine Bleibe gefunden haben, und denen, die gelegentlich zum Schlafen in eine der Ruinen kommen.

Einen der Orte, an dem Obdachlose hin und wieder Zuflucht suchen, haben fast alle Tschechen schon im Fernsehen oder Kino gesehen. Das ehemalige Schulgebäude diente in den Neunzigerjahren als Schauplatz für den Kultfilm „Obecná škola" („Die Volksschule"). Drehbuchautor Zdeněk Svěrák wuchs in den Dreißigerjahren selbst in der Gegend auf. Von der Schule ist kaum etwas übriggeblieben. Pressspanplatten halten die Wände von außen zusammen, ein Teil brannte vor einiger Zeit aus. In den Resten des Gebäudes liegen zerfetzte Matratzen und Plastiktüten. Auf dem Boden steht eine Plastikwanne voller Geschirr – schwer zu sagen, wann es zuletzt benutzt wurde.

Immer wieder fällt der Blick auf Bauschutt und Müllberge, auf ein Paar zerschlissene Schuhe am Wegrand oder löchrige Jeans im Gestrüpp. Und dann wieder auf Plastikenten in einem Teich, auf Keramikschnecken und weiß funkelnde Kieselsteine. Ich bin mir nicht sicher, ob ich die Siedlung schön finde. Petr jedenfalls hofft, dass sie erhalten bleibt. Investoren würden gern neue Wohnungen und Büros errichten, sagt er. Aber die Eigentumsverhältnisse seien schwierig. Die Grundstücke seien im Sozialismus verstaatlicht und nun zurückgegeben worden – an die Besitzer oder deren Erben in aller Welt. Daher werde es wohl so schnell nicht gelingen, die Kolonie ganz zu zerstören.

Wenn er sich nachts einsam fühle, hatte mir mein Frisör Jiří bei meinem letzten Besuch verraten, gehe er auf die Post, um Briefmarken zu kaufen. Die Idee fand ich am Anfang ziemlich absurd. Warum sollte es gegen Einsamkeit helfen, eine Briefmarke zu kaufen? Und warum sollte man nachts auf die Post gehen? Auf die erste Frage wusste Jiří keine Antwort. Auf die zweite schon. Weil die Post immer offen hat – und allein die Gewissheit, dass da jemand sitzt, der die ganze Nacht nur darauf wartet, dass jemand kommt und eine Briefmarke verlangt, gebe ein Gefühl von Geborgenheit, findet Jiří.

Die Methode klappt natürlich nicht mit irgendeiner Post. Die bei mir um die Ecke zum Beispiel hat nach meiner Erfahrung immer geschlossen, egal, wann ich daran vorbei gehe. Aber die Hauptpost in der Jindřišská-Straße, die quer zum Wenzelsplatz verläuft, hat tatsächlich immer geöffnet. Also fast. Montags bis sonntags von zwei bis 24 Uhr, um genau zu sein – das geht in meinen Augen als „immer" durch. Wobei ich mich meistens genau zwischen null und zwei Uhr einsam fühle. Ausgerechnet in den zwei Stunden, in denen ich nicht einmal eine Briefmarke *do Evropy* kaufen könnte, also „nach Europa", wie die Tschechen sagen, wenn sie „ins europäische Ausland" meinen. Ich muss darüber jedes Mal schmunzeln, auch bei meinem ersten nächtlichen Postausflug.

Den habe ich nicht so sehr aus Einsamkeit unternommen, sondern eher aus Neugierde. Ich war fast so aufgeregt wie vor der Segway-Tour, als ich nach einem späten Redaktionsschluss auf dem Heimweg beschloss, jetzt noch auf die Post zu gehen. Einfach so, um mal zu sehen, wie das ist, zwischen drei und vier, wenn man die Leute in der Straßenbahn ziemlich einfach einteilen kann in die, die aus der Kneipe kommen, und die, die schon wieder zur Arbeit fahren. Meine Nachbarin im Rentenalter war vermutlich auch schon wieder auf dem Weg zu ihrem Kiosk und ich so übermüdet, dass ich es gar nicht mehr spürte. Am

Wenzelsplatz stieg ich aus. Es ist kein Vergnügen, zwischen nachts und morgens am Wenzelsplatz auszusteigen. Am meisten stören mich nicht die betrunkenen Touristen, auch nicht die zwielichtigen Gestalten. Sondern der Rauch- und Fettgeruch aus dem 24-Stunden-Wurst-Häuschen. Tagsüber finde ich den Duft von Bock- oder Bratwurst irgendwie erträglicher als nachts. Müsste ich mich entscheiden zwischen einer Nachtschicht am Grill und einer am Postschalter, ich müsste nicht lange überlegen.

Ich sehe, wie die Wurstverkäuferin ein paar schwankenden Kunden ihre Brötchen mit irgendwas Fleischigem in die Hand drückt, versuche, nicht durch die Nase einzuatmen, und gehe mit schnellen Schritten in Richtung Post. Dort weist ein Pfeil den Weg zum Nachtschalter. Der Haupteingang ist verschlossen. Ich bin enttäuscht, denn ich kenne keinen schöneren Ort zum Briefmarkenkaufen als die große Schalterhalle der Hauptpost – ein mit Glas überdachter riesiger Innenhof, angeblich einer der größten im Stadtzentrum. Die verzierten Fassaden könnte ich stundenlang ansehen, und ich habe mich noch nie gelangweilt, wenn ich tagsüber meine Nummer gezogen und mich auf eine der Bänke gesetzt und gewartet habe, bis ich an der Reihe war, an einem der 35 Schalter mein Päckchen nach Deutschland aufzugeben oder meine Briefmarke *do Evropy* zu kaufen. An einem Ort, an dem angeblich im Mittelalter der erste Prager, vielleicht sogar der erste böhmische botanische Garten angelegt worden sein soll. Auch Karl IV., römisch-deutscher Kaiser, König von Böhmen, Namensgeber der Karlsbrücke und der Prager Universität, soll sich hier gern aufgehalten haben. Ein nächtlicher Postbesuch, erfahre ich jetzt, ist weniger spektakulär.

Zum Nachtschalter führt ein schlichter Gang, zwei Wachmänner treten müde von einem Bein aufs andere und beobachten misstrauisch, wie ich herumschleiche und mich umschaue. „Bitte schön", sagt einer und weist mir freundlich aber bestimmt den Weg. Die Nachtpost befindet sich in einem Zimmer, das nicht viel größer ist als meines. Zwei Schalter sind geöffnet, an einem sitzt ein mürrischer Mann, am anderen reibt sich eine junge Frau die Augen. *Další prosím*, der Nächste bitte. Ich verlange eine Briefmarke. „Bitte was? Wegen einer einzigen dämlichen Briefmarke stören Sie meine Nachtruhe?", meine ich in ihren Augen zu lesen und habe ein schlechtes Gewissen. Wahrscheinlich wecken die Wachmänner draußen die Angestellten an den Schaltern per Funk, wenn jemand den Gang betritt. Aber die Frau sagt nur „25 Kronen". Ich zahle, bedanke mich und würde ihr gerne etwas wünschen. Aber *hezký den*, „schönen Tag" kommt mir ebenso unpassend vor wie *hezký večer*, „schönen Abend". Und *dobrou noc*, „gute Nacht", kann ich wohl auch kaum sagen. Ich versuche, sie wenigstens aufmunternd anzulächeln, kann an ihrer Reaktion aber nicht erkennen, ob sie meinen guten Willen registriert hat.

Ich weiß nicht, wie Jiří hier Geborgenheit finden kann. Ich finde den nächtlichen Postbesuch eher bedrückend, denke ich, als ich den Raum in Richtung Gang verlasse. Höchstens könnte mich künftig beim Einschlafen die Vorstellung beruhigen, dass es Leute gibt, die jetzt Briefmarken verkaufen müssen, und zwar nicht in der schönen Schalterhalle, sondern in einem hässlichen, neonbestrahlten Zimmer. Aber das würde nur funktionieren, wenn ich sehr gehässig wäre. Am Ende des Gangs warten schon die Wachmänner. Einer lächelt mich an. Der andere hält mir galant die Tür auf. *Na shledanou*, sagt er, und mir kommt es vor, als hätte er an das „Auf Wiedersehen" gerne ein „und beehren Sie uns bald wieder" drangehängt. Vielleicht ist doch was dran an Jiřís These.

Es ist wohl auch ein bisschen die Suche nach Geborgenheit, die mich am nächsten Tag auf die Idee für eine Reportage bringt. Und die Sehnsucht nach ein wenig Ruhe. Fast jeden Abend kann man jetzt nach der Arbeit noch *na jedno* in einen Biergarten gehen oder sich an die Moldau setzen, sofern man am Ufer noch ein paar Zentimeter Platz ergattert. Ich weiß gar nicht, wann ich meine Wohnung zuletzt mehrere Stunden am Stück bei Tageslicht gesehen habe. Die Wochenenden bestehen aus Schlafdefizitausgleichen, Wäschewaschen und Sonnetanken auf dem Vyšehrad oder auf dem Letná-Hügel, im botanischen Garten oder im Stromovka-Park – Hauptsache, es ist irgendwie grün und es gibt eine Ecke, in der sich nicht ganz so viele Touristen tummeln. Eine Auszeit wäre gut, noch besser, wenn sie sich mit dem Nützlichen verbinden ließe. Ich schlage in der Redaktion vor, 24 Stunden in einem Kloster zu verbringen. Ein paar Mönche gibt es noch in Prag, und ich frage bei den ersten nach, deren Adresse ich im Internet finde. Die Benediktiner antworten höflich, verweisen mich – als Frau – aber an die Benediktinerinnen, die am Weißen Berg (Bílá hora) zu Hause sind. Ein paar E-Mails und wenige Wochen später packe ich Schlafanzug, Block, Kamera und Zahnbürste in meinen Rucksack und steige in die Straßenbahn mit der Nummer 22, die vom Karlsplatz bis zur Burg und von dort weiter bis Bílá hora fährt.

Eine Schwester begrüßt mich in schwarzer Hose und roter Bluse, die dunkelblonden Haare sind unbedeckt. Eine

Nonne habe ich mir anders vorgestellt. Sie zeigt mir das Zimmer, in dem ich übernachten werde. Schreibtisch, großes Fenster, eigenes Bad – die meisten Hostels und Hotels, in denen ich bisher geschlafen habe, waren nicht so schön eingerichtet. Es ist allerdings auch für Gäste gedacht, die länger bleiben, weil sie eine Auszeit brauchen oder überlegen, in den Orden einzutreten. Warum die vier Benediktinerinnen ihre Ordenstracht nur zum Gebet tragen, werden sie mir am nächsten Morgen erklären: Es hängt mit der Tradition ihrer Kommunität zusammen, die ihre Anfänge vor fast hundert Jahren in München nahm: Die Frauen der Gemeinschaft sind und waren von Beginn an berufstätig und haben sich immer schon selbst finanziert. Zur Arbeit oder zum Einkaufen gehen sie in ziviler Kleidung, der Habit ist allein für Gottesdienst und Gebet reserviert.

Das gilt auch für die tschechischen Schwestern, die vor ein paar Jahren von München zurück nach Prag gingen. Ihr Zuhause wurde das Barockareal um die Wallfahrtskirche Maria de Victoria auf dem Weißen Berg – ein Begriff, der in der tschechischen Geschichte für ein einschneidendes Ereignis steht, ich würde sogar behaupten für ein nationales Trauma. In der Schlacht am Weißen Berg standen sich im November 1620 die Truppen der böhmischen Stände und die der Katholischen Liga gegenüber. Mit der Niederlage der Stände begann die Phase der Rekatholisierung, böhmische Protestanten flohen ins Exil und Deutsch war nun die Sprache der gebildeten Schicht in Böhmen – was dazu führte, dass Tschechisch als Schriftsprache von der Bewegung der „nationalen Wiedergeburt" Ende des 18. bis Mitte des 19. Jahrhunderts erst wiederbelebt werden musste.

Ich habe mich in der Nacht am Weißen Berg weniger mit der Geschichte beschäftigt, als mit der Angst, das erste Gebet zu verschlafen, und alle paar Stunden unruhig auf meinen Wecker geschaut. Er klingelte pünktlich, um 5.40 Uhr. Zwanzig Minuten später eile ich durch den Garten zur Kapelle. Die Schwestern sind schon da, sie sitzen auf den Bänken links und rechts des kleinen Altars, auf dem eine Kerze leuchtet. Jetzt tragen sie ihre schwarzen Gebetsmäntel und Schleier. Nach einigen Minuten Schweigen beginnt das Morgengebet. Ich frage mich, wo die vierte Schwester ist, und bemühe mich, in das tschechische Gebet einzustimmen – aber so klar wie die Stimmen der Nonnen klingt meine in diesen Morgenstunden nicht. Ich muss mich konzentrieren, um in den richtigen Momenten aufzustehen, den Kopf zu senken, mich wieder zu setzen. Nach etwa einer halben Stunde verlassen die Schwestern die Kapelle. Am Abend vorher haben sie mir gesagt, dass sie zwischen Gebet und Gottesdienst nicht sprechen; ich genieße die Stille, bis die Schwestern sich umgezogen haben. Die Messe findet bei den Benediktinermönchen im Kloster Břevnov statt, wir fahren mit der Straßenbahn. An der Endhaltestelle warten schon einige Menschen, die zur Arbeit wollen oder noch auf der Suche nach einem Schlafplatz sind, manche mit einer Flasche Bier in der Hand. Die Schwestern sind wieder zivil gekleidet. Sie fallen nicht auf.

Beim Kloster Břevnov steigen wir aus. Die Nonnen gehen bei Rot über die vierspurige Straße und mit schnellen Schritten in Richtung Klosterkirche. Sie nehmen einen vorderen Eingang, weil sie dort ihre Gewänder für die Messe haben. Ich betrete die Kirche durch den Haupteingang. Außer den Schwestern und einer Handvoll Mönchen, die allesamt vorne Platz nehmen, sind etwa ein Dutzend Gläubige gekommen. Auf den hinteren Bänken entdecke ich später die vierte Schwester in Jeans und Pullover. Sie habe verschlafen, wird sie mir nach dem Frühstück erzählen, und sei dann noch schnell zur Messe gerannt.

Auf dem Rückweg reden die Schwestern in der Straßenbahn zum ersten Mal an diesem Tag miteinander. Mein Magen knurrt. Ich frage mich, was Nonnen wohl frühstücken. Als ich kurz nach acht das Refektorium betrete, ist der Tisch bereits gedeckt. Beim Frühstück wird wieder geschwiegen. Mit Blicken, Gesten und wenigen leisen Wörtern werde ich gefragt, ob ich Tee oder Kaffee möchte, ob Obst oder Marmelade zum Müsli. Es gibt Haferflocken mit Joghurt und Milch, Käse, Wurst und Schinken, Karotten und Tomaten, Honig und getoastetes Schwarzbrot. Das Schweigen ist gewöhnungsbedürftig. Ich genieße den Blick aus dem Fenster und entdecke an der Wand einen mehrere Jahrhunderte alten Plan des heutigen Klostergeländes.

Bis zum Mittagsgebet haben die Nonnen sich Zeit für Gespräche mit mir genommen. Den Anfang macht die Schwester, auf deren Initiative die Gründung der Gemeinschaft in Prag zurückgeht. Sie arbeitet als Bauingenieurin selbstständig und in einem Architekturbüro, im Moment kümmert sie sich um das Gästehaus des Klosters. Ihre Kollegen außerhalb erfahren manchmal erst nach ein paar Jahren, dass sie Nonne ist – manche sprechen sie dann plötzlich mit „Schwester" an, andere bleiben bei ihrem Taufnamen. „In Zivil", meint sie, könne man gerade die vielen ungläubigen Tschechen besser ansprechen als in Ordenstracht. Von den drei tschechischen Nonnen ist sie die einzige, die aus einer katholischen Familie stammt. Als sie kurz vor der Wende, mit Anfang zwanzig, beschloss, ins Kloster einzutreten, gab es dazu in Tschechien keine Möglichkeit. Die letzten Benediktinerinnen hatten das Land bereits 1919 verlassen.

Die zweite tschechische Schwester hat sich mit achtzehn taufen lassen; für ihre atheistische, im Kommunismus verwurzelte Familie war das schwierig. Als sie drei Jahre später ins Kloster eintrat, hatte sie einen Bachelorabschluss in Wirtschaft, heute studiert sie Restaurierung und arbeitet in einer kleinen Werkstatt direkt im Kloster. An diesem Samstagvormittag versorgt sie außerdem einen Obdachlosen, der regelmäßig zum Laubkehren kommt. „Wir leben hier ein bisschen in einer Oase mit klaren Regeln", sagt sie. Dazu gehöre, dass innerhalb der Klostermauern jedem Menschen mit Würde begegnet werde. Die dritte Schwester fühlte sich zur katholischen Kirche hingezogen, obwohl Vatikan und Papst ein rotes Tuch für sie waren. „Das war absurd", beschreibt sie ihre damalige Situation. Das Gefühl, im Kloster leben zu wollen, war letztendlich stärker als die Skepsis. Der Rhythmus des Klosterlebens sei für sie eine Rettung, auch wenn sie es manchmal nicht pünktlich zum Gebet am Abend schafft, weil die Straßenbahn Verspätung hat.

Nach dem Interview ist es Zeit für das Mittagsgebet in der Kapelle, anschließend wird wieder geschwiegen. Beim Mittagessen liest immer eine der Schwestern den anderen erst aus der Bibel und dann aus einem anderen Buch vor. Heute ist es eine Schrift von Papst Franziskus über den Umgang mit den Armen. Dazu gibt es Kürbissuppe, anschließend Couscous mit Zucchini und Auberginen. „Man soll sich nicht nur physisch nähren, sondern auch geistig, deswegen lesen wir beim Essen", sagen die Schwestern. Als ich mich am Nachmittag nach einem kurzen Fotoshooting verabschiede und für die Gastfreundschaft bedanke, laden sie mich ein wiederzukommen. Als sich das große Eingangstor des Frauenklosters hinter mir schließt, überlege ich, wie es wohl wäre, in ein Kloster einzutreten.

August

Sanftes Hügelland

Es ist nicht meine Schuld, dass ich mehrere Monate zu spät bei dieser Behörde erscheine. Zumindest nicht nur. Ich gebe zu, dass ich ein bisschen gezögert habe, die Frist verstreichen ließ, weil ich keine Lust hatte, die Formulare auszudrucken, den Mietvertrag zu suchen und stundenlang wartend den Geruch von Schweiß, Papier und PVC-Boden einzuatmen, um dann wieder von einem (vielleicht) freundlichen Beamten mit (dennoch) leicht vorwurfsvollem Unterton nach dem „Grund des Aufenthalts" gefragt zu werden (der war mir zwar inzwischen deutlich klarer, in Worte fassen konnte ich ihn aber trotzdem nicht so einfach). Dann siegte aber mein Pflichtbewusstsein und ich machte mich auf den Weg zur Adresse in Žižkov, die mir der Polizist damals im November genannt hatte. Die Leute, die dort warteten, sahen müde und eingeschüchtert aus. Ich zog eine Nummer, fragte zur Sicherheit aber an der Rezeption nach. „Nein, Sie sind hier falsch", erklärte mir die Dame freundlich, für EU-Bürger sei eine andere Stelle zuständig. Dann sagte sie noch etwas von Umstrukturierung und telefonischer Anmeldung und schrieb mir eine lange Telefonnummer auf einen Zettel.

Ich wählte die Nummer und landete in der Warteschleife. Bedřich Smetanas „Moldau" soll die Kunden am Telefon bei Laune halten. Erst erschien es mir logisch, natürlich Smetana, der große böhmische Komponist der

Romantik, seine „Moldau" gehört sicher auch im Ausland zu den bekanntesten tschechischen Werken. Andererseits war Smetana aber auch ein großer Anhänger der tschechischen Nationalbewegung. Er schuf den Zyklus „Mein Vaterland" (zu dem auch die „Moldau" gehört) – und ich fragte mich, ob es eigentlich gastfreundlich war, Ausländer (ich gehe davon aus, dass bei einer Ausländerbehörde überwiegend Ausländer anrufen) am Telefon mit einer so politischen musikalischen Botschaft willkommen zu heißen. Vielleicht hatte ich mich aber auch nur zu viel mit böhmischer Geschichte beschäftigt, war ein bisschen zu empfindlich für solche Untertöne und sollte die plätschernde Moldau am anderen Ende der Leitung genießen.

„Guten Tag, wie ist Ihr Name?", fragte plötzlich eine Frauenstimme, mitten in einer musikalischen Phrase. Wenigstens darauf könnte man achten, die Musik nicht abrupt an den unpassendsten Stellen zu unterbrechen. Ich hätte gerne gehört, wie die Harmonien sich in ein paar Takten wieder in einen wohlklingenden Dur-Akkord auflösen. Stattdessen buchstabierte ich der Dame meinen Namen, Geburtstag und Ausweisnummer, ärgerte mich, dass mir nicht gleich einfiel, was „W" auf Tschechisch heißt und bat um einen Termin. Am 15. August um 13 Uhr schlug sie vor. Da hatten wir gerade April. Die tschechischen Monatsnamen ähneln den deutschen so gar nicht, also fragte ich vorsichtshalber nach. Aber die Antwort war deutlich *patnáctého srpna*, sagte die Stimme, 15. August.

Nun war es soweit, ich kontrollierte, ob ich alles hatte: Passfoto, Ausweis, Versicherungsnachweis, Arbeitsvertrag, Mietvertrag und den Antrag auf Bestätigung meines Aufenthalts. Falls ich die diffusen Informationen auf der Internetseite des Innenministeriums richtig verstanden hatte, brauchte ich als EU-Bürgerin keine Aufenthaltsgenehmigung. Ich war Ausländerin erster Klasse, so kam es mir oft vor, und es war mir unangenehm, dass ich so viel besser behandelt wurde als Menschen aus Nicht-EU-Staaten. Dennoch musste ich mir meinen Aufenthalt hier bestätigen lassen. Aber ganz sicher war ich mir nicht, ob ich das System durchschaut hatte oder ob ich nicht vielleicht doch gleich Ärger bekommen würde, weil ich irgendeine Frist verpasst hatte.

Von der Redaktion fuhr ich erst mit der Tram und dann mit dem Bus. Orte in Prag, die man nicht mit der Metro oder Straßenbahn erreichen kann, sind meistens Orte, an denen man sich nicht so gerne aufhält, Gegenden, die in den Stadtführern ausgelassen werden, in denen man auch nicht unbedingt wohnen möchte. Die Obdachlosenunterkunft, die ich im Winter besucht hatte, liegt in so einem schwarzen Loch des Tram- und Metronetzes, auch das Museum der Gaswerke zum Beispiel, die Medovník-Fabrik – und die Ausländerbehörde, die nach irgendwelchen schwer durchschaubaren Regeln für meinen Antrag zuständig sein sollte. Der Bus hielt an einer vierspurigen Straße im Stadtteil Michle, mitten in einem Gewerbegebiet, so sah es zumindest aus. Ich stieg als Einzige aus, überquerte die Straße und ging an der Tankstelle vorbei, konnte aber keinen Straßennamen finden. Das Problem hatte ich am Stadtrand öfter: Straßennamen sind in Prag fast immer an Häusern angebracht, es gibt keine Extra-Schilder dafür. Aber wie weiß man, in welcher Straße man sich befindet, wenn kein Haus in der Nähe ist? Ich schaute verloren auf die Adresse, die ich mir aufgeschrieben hatte. Nad Vršovskou horou, das könnte hier überall sein. Auf gut Glück ging ich in irgendeine Richtung, in der Hoffnung, dort einen Hinweis zu finden. Rechts lag ein Fabrikgelände, links ein Reifenservice. Wieder blickte ich auf meinen Zettel. „Immer geradeaus, bis zum Ende der Straße", hörte ich plötzlich auf Tschechisch eine Stimme sagen und zuckte zusammen. Ich schaute den Mann an, ob ich schnell genug gelächelt habe, weiß ich nicht mehr. Als ich *děkuji* rief, um mich zu bedanken, war er jedenfalls schon ein paar Schritte entfernt. Dass er wahrscheinlich gerade von der Ausländerbehörde kam, verriet seine dunkle Hautfarbe. Aber wie hatte er mir angesehen, wo ich hin wollte? Ich folgte seiner Anweisung und betrat ein paar Minuten später das Gebäude, das ich gesucht hatte.

Nach knapp einer halben Stunde wurde die Nummer aufgerufen, die ich gezogen hatte. Wie lange es wohl gedauert hätte, wenn ich den Termin nicht schon vor vier Monaten ausgemacht hätte? Am Schalter wartete ein junger Mitarbeiter, der nicht gerade aussah wie ein Durchschnittstscheche. Die dunklen schwarzen Haare trug er zu einem Zopf zusammengebunden, auch seine Augen waren dunkel, und der Blick erinnerte mich ein bisschen an Enrique Iglesias. Auf seinem Namensschild stand außerdem ein spanisch klingender Name, Cervantes oder so ähnlich. Ich bat um die Bestätigung meines Aufenthaltes und legte meine Unterlagen vor. Er prüfte mit strengem Blick. „Hier fehlt die Angabe zu Ihrem bisherigen Arbeitgeber", stellte er fest und reichte mir das Formular zurück. Dass ich als freie Journalistin nach der Kleinunternehmerregel gearbeitet hatte, war mir zu kompliziert zu erklären, außerdem gab es nur eine Zeile, also schrieb ich *studentka* hinein und legte ihm den Zettel hin. Wieder prüfte er kritisch und wieder bekam ich das Formular zurück. „Das ist falsch, Student ist die Beschäftigung, hier", sagte er und deutete auf eine andere Zeile. Als Arbeitgeber sollte ich die Universität samt Adresse eintragen. Ich wusste weder die Hausnummer noch die Postleitzahl der Ludwig-Maximilians-Universität in München, außerdem fand ich es albern, sie anzugeben, deswegen überlegte ich kurz, einfach etwas zu erfinden. Warum will denn der tschechische Staat meinen vorherigen Arbeitgeber wissen und was will er mit der Adresse der Universität, die er sich ja sowieso auch ergoogeln könnte? „Die Adresse weiß ich leider nicht", sagte ich dann bemüht lammfromm. „Na gut, schreiben Sie nur die Stadt auf", antwortete der tschechische Spanier gnädig, aber ohne zu lächeln.

„Zeigen Sie mal Ihren Mietvertrag." Er tippte etwas in seinen Computer ein, ging damit zum Drucker und kam kopfschüttelnd zurück. Meine Vermieter seien nicht als Hauseigentümer eingetragen, erklärte er, deswegen müsse ich auch deren Mietvertrag mit dem Eigentümer, dem zweiten Prager Stadtbezirk, vorlegen, und zwar im Original. Als ich eingezogen war, hatte ich darüber mit meiner Vermieterin gesprochen. Sie hatte nachgefragt und von der Verwaltung des Stadtbezirks die Auskunft erhalten, dass eine Genehmigung des Eigentümers nach einer Gesetzesänderung nun nicht mehr notwendig sei. Das versuchte ich jetzt, Enrique zu erklären. Aber er blieb stur. Nein, er könne mir keine Bestätigung ausstellen. Ich müsse noch einmal vorbeikommen und den Vertrag vorlegen. Das war mir aber zu blöd. Ob ich ihn nicht per Post schicken könnte, wollte ich wissen. Ausgeschlossen, sagte er, ich wolle ja schließlich etwas vom tschechischen Staat, da müsse ich mich schon an die Vorschriften halten. Jetzt konnte ich mich nicht mehr beherrschen. „Nein, will ich nicht", sagte ich. „Ich bin hier, weil ich dachte, ich muss mich anmelden. Ich brauche diesen Wisch nicht." Na dann, meinte der Schönling, könne ich ja wieder gehen. Okay, sagte ich, gerne, aber bekomme ich keinen Ärger mit der Polizei? „Nein, wir leben ja in der EU, wir haben Schengen. Aus unserer Sicht halten Sie sich ganz legal hier auf." Ich war beruhigt und verdutzt. „Also wollen Sie nun die Bestätigung oder nicht?" Na ja, wenn ich sie wirklich nicht brauche, entgegnete ich, dann verzichte ich. „Sie brauchen das nur, wenn Sie ein Auto anmelden oder wählen wollen", schob er noch hinterher.

Ein paarmal war ich in Prag schon mit dem Auto eines Kollegen kürzere Strecken gefahren, aber immer weit nach Mitternacht, als außer mir kaum jemand auf der Straße unterwegs war. Tagsüber, womöglich noch im Berufsverkehr zu fahren, stresst mich schon in einer deutschen Kleinstadt, wo sich die Leute in der Regel an die Vorschriften halten und an Zebrastreifen für Fußgänger bremsen. Ich konnte mir beim besten Willen nicht vorstellen, in Prag zwischen all den Verrückten mit dem Auto zu einer normalen Tageszeit von A nach B zu gelangen, ohne einen Nervenzusammenbruch zu bekommen oder an der Ampel von einem anderen Fahrer verprügelt zu werden, weil er mich als Verkehrshindernis betrachtete. Und auf Wählen war ich hier auch nicht gerade scharf. Es wäre wohl eine Entscheidung zwischen Pocken, Pest und Cholera gewesen.

Ich verzichtete also auf die Aufenthaltsbestätigung und sah, wie Cervantes mit einem Grinsen das Formular zerriss. „Und ich muss mich wirklich nicht irgendwo anmelden", hakte ich vorsichtshalber nochmal nach. „Wissen Sie, die Registrierung bei der Fremdenpolizei ist ja nur für den Katastrophenfall, also falls es ein Erdbeben gibt oder Krieg ausbricht", sagte er mit ernster Miene, und ich war mir nicht sicher, ob er sich einen Spaß erlaubt hatte oder tatsächlich damit rechnete, dass sich jederzeit die Platten unter Prag verschieben oder irgendjemand hier einmarschiert. „Wir leben ja in der EU", wiederholte ich seine Anmerkung von vorhin, mehr um mich selbst zu beruhigen. „Ja, noch", sagte er, und nach einer kurzen Pause: „Und ich hoffe, noch sehr lange." Zumindest ging auch er offenbar nicht davon aus, dass morgen eines der Nachbarländer bewaffnete Truppen nach Prag schicken würde.

„Und diese Anmeldung?", versuchte ich das Gespräch wieder in eine andere Richtung zu lenken. Ich hätte mich ja schon angemeldet, sagte er nun, und zwar in Zahrádky 28, Postleitzahl 54221 Pec pod Sněžkou, ob diese Adresse noch korrekt sei. *Cože?*, rutschte mir nun heraus, ein „wie bitte?", das nach „wollen Sie mich verarschen?" klang. Pec pod Sněžkou ist ein Wintersportort unterhalb der Schneekoppe, im Februar hatte ich dort auf einer Hütte zwei Nächte verbracht, ein Ausflug mit meiner Vegetarierkollegin, bei dem wir uns von Knoblauchbrot und Becherovka ernährten, mit Jeans und profillosen Wanderschuhen durch den Tiefschnee stapften und von einem Rübezahl verfolgt wurden, der sich als Bernhardiner getarnt hatte. *Ne*, sagte ich, dort habe ich nur einen Kurzurlaub verbracht. „Auf jeden Fall sind Sie dort gemeldet", beteuerte Cervantes. „Und für wie lange? Das ist doch schon ein halbes Jahr her ..." Cervantes zuckte die Schultern. Das könne er mir jetzt auch nicht sagen, wie lange diese Meldung gültig sei. Und warum gerade Pec, schließlich hatte ich in der Zwischenzeit auch anderswo einzelne Nächte in Pensionen verbracht, in Vejprty zum Beispiel und in Aš, zwei Orte im deutschtschechischen Grenzgebiet. War das der Polizei entgangen? Ich fragte lieber nicht nach. Wenn ich wissen wolle, ob diese Meldung noch gültig sei, dann müsse ich zur Fremdenpolizei gehen, sagte mein Sachbearbeiter nun und legte seinen Stift beiseite, unser Gespräch war für ihn damit beendet. Der Ausländerpolizei, das nahm ich mir ganz fest vor, werde ich so schnell mit Sicherheit keinen Besuch abstatten.

Stattdessen fuhr ich ein paar Tage später erst einmal mit dem Bus nach Nürnberg. Ich habe mir in den Kopf gesetzt, mein Fahrrad nach Prag zu holen. Und zwar ohne fremde Hilfe. Schon seit ein paar Wochen habe ich immer mal wieder Sehnsucht nach meinem Rad – ein Trekkingrad, das ich mir etwa ein Jahr vor meiner Abreise nach Prag gekauft und an der Isar eingefahren habe. Nun steht es bei meiner Familie in der Nähe von Nürnberg rum. Der IC-Bus nimmt es nicht mit. Würde ich es mit dem Zug transportieren, würde das fast einen ganzen Tag dauern und ein halbes Vermögen kosten. Und ich bin zu stolz, jemanden zu fragen, ob er es auf den Dachständer seines Autos montieren und mir bringen könnte. Mal wieder aus lauter Trotz also (dass die Bahn keinen Fahrradtransport per IC-Bus anbietet und meine Verwandten und Bekannten nicht von selbst auf die Idee kommen, mir mein Rad zu bringen) habe ich beschlossen, was irgendwie auf der Hand liegt: Ich fahre mit dem Rad nach Prag. Die Strecke kenne ich ja mehr oder weniger, sanftes Hügelland, durch das der Bus entspannt auf der Autobahn rollt. Und es gibt sogar einen Radweg, den Paneuropa-Weg von Paris nach Prag.

Ein paar Leuten habe ich von meinem Vorhaben erzählt und heimlich gehofft, dass sie sagen, sie begleiten mich. Aber auf die Idee ist niemand gekommen. Später habe ich meinen Plan auf Facebook gepostet. Aber auch da: keine Reaktion. Also wurde ich noch trotziger und beschloss, es jetzt erst recht zu machen, dann eben allein. Ich besorgte mir Fahrradkarten, sechs Stück insgesamt, und verkündete meinen Eltern: „Nächste Woche fahre ich mit dem Fahrrad nach Prag. Allein." Kurz haben sie geschwiegen und mich nicht ganz ernst genommen. Dann ging es los: „Du kannst doch nicht, das ist doch gefährlich, wenn da was passiert, wer weiß, wie da die Wege sind, und wenn du dich verfährst ..." Ich blieb stur. Was in der folgenden Nacht passiert ist, kann ich nur vermuten. Ich glaube, es war meine Mutter, die eingesehen hat, dass ich nicht davon abzubringen war. Also hat sie ihre Taktik geändert und meinen Vater angestiftet: „Dann musst du eben mitfahren, wenn wir nicht wollen, dass sie allein unterwegs ist."

Am nächsten Morgen saß mein Vater mit Fahrradhelm im Wohnzimmer, den Kopf über eine Landkarte gebeugt. Skeptisch, immer noch, aber genauso fest entschlossen wie ich. Gemeinsam verschafften wir uns einen Überblick, kopierten Kartenabschnitte und druckten Wegbeschreibungen aus, rechneten Kilometer zusammen und versuchten, aus den Höhenlinien auf den Karten abzuleiten, wie viele Berge wir an einem Tag schaffen könnten. Abends war das ganze Wohnzimmer mit Fahrradkartenkopien zugepflastert. Knapp 500 Kilometer Radweg auf 25 DIN-A4-Blättern, wie Puzzleteile zusammengefügt, die Route mit orangefarbe nem Textmarker nachgefahren. Sechs Tage, fünf Übernachtungen sollten realistisch sein, beschlossen wir, und ich wollte gerade bei ein paar Pensionen und Gasthöfen anrufen, um nach Zimmern zu fragen, als mein Onkel vor der Tür stand. „Da fahr ich doch gleich mit", war seine erste Reaktion auf den Kartenteppich in unserem Wohnzimmer. Er meinte es ernst. Ich war ganz froh darüber – mein Onkel geht zwar wie mein Vater auf die siebzig zu, aber er kann Autos reparieren, also bestimmt auch Fahrräder, und hat Kraft wie ein Bär. So jemanden kann man bei diesem Vorhaben bestimmt brauchen. Ich reservierte also jeweils drei Betten in fünf Unterkünften, zwei auf deutscher und drei auf tschechischer Seite.

Als die letzten Wirte mir die Reservierung bestätigt hatten, klingelte mein Telefon. „Ich möchte mich der Pilger-Gruppe anschließen. Ich habe mir gerade ein E-Bike gekauft." Meine Tante. Ich schluckte. Wenn mein Onkel der Bär ist, dann ist meine Tante ein Gänseblümchen. Sie machte früher schon an mittelmäßig steilen Hügeln schlapp, wenn wir zusammen kleine Radtouren unternahmen – und da war sie noch zwanzig Jahre jünger. Wie um alles in der Welt sollten wir sie nun von Nürnberg nach Prag bringen, mit einem E-Bike, auf dem sie noch keine zwei Kilometer gefahren war? Was, wenn der Motor ausfällt oder sie nicht mit der Schaltung klarkommt oder unterwegs einen Migräneanfall hat oder einen Kreislaufzusammenbruch? Ich versuchte mit allen Argumenten, ihr das Vorhaben auszureden – nicht, weil ich sie nicht dabei haben wollte, sondern weil ich mir wirklich Sorgen machte. Aber sie war so stur wie ich. Ich rief noch einmal in den Unterkünften an und bestellte ein weiteres Bett, kopierte die Wegbeschreibungen nochmal für meine Tante. Alles war bereit, noch drei Tage. Nur mein Hals schmerzte plötzlich so richtig.

Ich wäre deswegen eigentlich nicht gekommen, erklärte ich dem Hausarzt meiner Eltern, ich hätte einfach Salbeitee getrunken und mich ins Bett gelegt. „Aber ich fahre übermorgen in den Urlaub. Mit dem Fahrrad. Nach Prag." Er runzelte die Stirn. „Hm." „Ich muss das unbedingt jetzt machen, ich kann das nicht verschieben." „Was haben Sie denn vor in Prag?" „Ich lebe dort, ich arbeite als Journalistin." Das war das Zauberwort. Es hatte auch bei der Krankenversicherung schon einmal ganz unverhofft geholfen, als ich zu viel gezahlte Beiträge zurückhaben wollte. „In diesem Zeitraum habe ich für die ‚Süddeutsche Zeitung' gearbeitet", hatte ich ohne Hintergedanken gesagt. Und plötzlich war es gar kein Problem mehr. „Aha, ich sehe gerade, das war unser Fehler, entschuldigen Sie bitte." Der Arzt strich sich über die runzlige Stirn. „Das heißt, wenn ich Sie nicht fit mache, steht in der ‚Prager Zeitung', dass ich ein Pfuscher bin?" Ich zuckte mit den Achseln. „So ungefähr." Er lächelte. „Gut, nehmen Sie dieses Antibiotikum. Dreimal täglich, zehn Tage lang. Und Sie fahren nicht in Tour-de-France-Geschwindigkeit, sondern ganz gemütlich, ja?!" Ich versprach, keinen neuen Streckenrekord anzustreben. Den Rest des Tages verbrachte ich mit Salbeetee im Bett, den nächsten auch. Dann packte ich meine Satteltaschen. Mein Kreislauf war im Keller; wenn ich das Bett für längere Zeit verließ, wurde mir schwindlig, aber das durften meine Mitfahrer auf keinen Fall merken.

Am nächsten Morgen trafen wir uns um 7.30 Uhr vor dem Gartentor. Bis Sulzbach-Rosenberg wollten wir kommen, gut achtzig Kilometer. Der Wetterbericht hatte 34 Grad angekündigt. Mir war ein bisschen flau im Magen und der Hals schmerzte, aber die Vorfreude war größer als die Bedenken. Das Treten würde mich schon fit machen.

Die ersten zwanzig, dreißig Kilometer radeln wir weg wie nichts. Meine Begleiter sind offenbar genauso beflügelt von unserem Vorhaben wie ich. Meine Tante schont ihren Akku und tritt kräftig in die Pedale. Eine Pause will sie noch nicht, als wir nach etwas mehr als einer Stunde zum ersten Mal das Schild mit dem kleinen Fahrrad und den gelben Sternen auf dunkelblauem Untergrund sehen – wo die Flüsse Rednitz und Pegnitz sich treffen, stoßen wir auf den Paneuropa-Radweg. In die andere Richtung wären es gut tausend Kilometer bis Paris. Ich summe die Europahymne und grüße gut gelaunt die vielen Menschen, die zwischen Fürth und Nürnberg zur Arbeit oder zum Picknick in den Stadtpark radeln. Den Nürnberger Hauptmarkt mit dem Schönen Brunnen lassen wir hinter uns, verstoßen in der Fußgängerzone gegen die eine oder andere Vorschrift für Radler und folgen dann wieder der Pegnitz. Der Weg ist oft schattig und meistens sehr flach, trotz schweren Satteltaschen fährt es sich noch immer wie von selbst. Wie heiß es inzwischen geworden ist, merken wir erst, als wir zur Mittagspause absteigen. Ohne den Fahrtwind ist die Hitze kaum zu ertragen. Ich nehme zu Brot mit Käse, Tomate und Weintrauben meine Tablette und trinke so viel ich kann.

Am Nachmittag halte ich das Ganze zum ersten Mal für eine Schnapsidee. Die Augustsonne knallt auf den Asphaltweg, der an einer viel befahrenen Bundesstraße entlang führt. Es zieht sich. Statt mit zwanzig schleppen wir uns plötzlich mit zehn, zwölf Stundenkilometern vorwärts. Der

Wind bläst uns von vorne ins Gesicht. Wir werden von einem Opa auf einem klapprigen Rad überholt, der einen Getränkekasten auf seinen Gepäckträger geschnallt hat. Als er vor uns abbiegt, bin ich ziemlich wütend auf ihn. Mein Hals schmerzt wieder. Wir radeln bis Neukirchen, wo die Mitteleuropäische Wasserscheide zwischen Donau und Rhein verläuft. Es geht bergauf. Mein Gepäck wird schwerer und zieht mich nach hinten. Ich überlege, worauf ich alles hätte verzichten können. Die Regenjacke war definitiv überflüssig. Sulzbach-Rosenberg ist in Sicht. Ein letzter steiler Anstieg zum Schloss mit der hübschen Altstadt. Kurz denke ich an den Doktor und mein Versprechen. Dann packt mich der Ehrgeiz. Im ersten Gang ziehe ich vorbei an Vater, Onkel und Tante, die sich gerade verschalten hat und absteigt. Als erste erreiche ich das Etappenziel, das im Jahr 1355 die Hauptstadt des neugeschaffenen Territoriums Neuböhmen unter Kaiser Karl IV. wurde. Als ich ein paar Stunden später versuche einzuschlafen, fühlt sich Prag gar nicht mehr so weit an, der Radweg wie ein großes Band, das Bayern und Böhmen verbindet, und unsere Tour wie eine Mission in Sachen Völkerverständigung.

Am nächsten Morgen rückt Prag ganz schnell wieder in schier unerreichbare Ferne. Meine Beine sind schwer wie Blei. Von Sulzbach-Rosenberg aus geht es erstmal unerbittlich bergauf und bergab. Schon vormittags sind es an die dreißig Grad, und jede Stunde werden es mehr. Diesmal sind wir froh, als wir ein Stück auf einem frisch geteerten Radweg entlang der Bundesstraße fahren dürfen. Der Weg ist nicht schön, aber flach. Auf dem neuen Asphalt rollt es sich allerdings so gut, dass wir die (gut versteckte) Abzweigung ins Naabtal verpassen. Wir machen Mittagspause in einer Dorfwirtschaft. Am Tisch sitzen Männer, die offenbar gerade von einer Baustelle oder von der Waldarbeit gekommen sind. Sie trinken ein Hefeweizen nach dem anderen und sprechen eine Sprache, die selbst für uns Mittelfranken nicht einfach zu verstehen ist. „Schnell, hilf uns, der Habicht kommt", rufen zwei Mädchen im Grundschulalter und rennen aus dem Haus (eigentlich rufen sie etwa: „schnää, huilf uns, da Hobi kimmmt"). Tatsächlich, am Himmel kreist etwas Großes, das die meisten Gleichaltrigen wohl bestenfalls als „Vogel" identifiziert hätten.

Ich glaube, wir kommen dem Ende der Welt immer näher. Ob das daran liegt, dass wir uns der Grenze nähern, die über vier Jahrzehnte ein Eiserner Vorhang war? Oder bilde ich mir das alles ein? Als wir uns an einer Kreuzung nicht sicher sind, welcher der beiden Feldwege der Paneuropa-Radweg ist, treffen wir zum ersten Mal auf Radler, die das Gleiche vorhaben wie wir, allerdings in die andere Richtung. In Tschechien seien die Wege so schlecht und die Schilder missverständlich, schimpfen sie. Ich fühle mich angegriffen. Ich kenne tschechische Radwege von Touren in Mähren und im Böhmerwald. Ja, da ist nicht alles zugeteert. Na und? Natur, Abenteuer, sucht man das nicht, wenn man sich mit dem Fahrrad auf so einen Weg begibt? Ich denke an die Völkerverständigung und verkneife mir schweren Herzens, sie als hochnäsige Westeuropäer zu beschimpfen, die alles, was östlich der Grenze anders ist, aus Prinzip als rückständig bezeichnen.

An der Naab entlang rollen wir weiter bis Weiden. Kurz vor Neustadt haben wir noch einmal Durst und sehen auf einem Gartengrundstück eine bayerische Fahne wehen. Ein Verein schenkt hier Getränke aus, überwiegend ältere

Männer sitzen mit Flaschenbier im Schatten, begrüßen uns mit „Habedehre" („Habe die Ehre") und unterhalten sich darüber, was in der letzten Folge von „Dahoam is Dahoam" geschehen ist, der Daily Soap im Bayerischen Fernsehen. Er sei auch schon mit dem Rad in Prag gewesen, sagt ein Rentner. Ob es stimmt, weiß man nicht. Vielleicht wird auch hier ein wenig gebafelt. Nach dem Stopp geht es noch einmal bergauf bis Neustadt, wo mein Tacho fast achtzig Kilometer Tagesstrecke anzeigt. Die Stadt und auch unsere Pension haben offenbar schon bessere Zeiten hinter sich. „Zu verkaufen" oder „zu vermieten" steht an vielen Fenstern. Wir sind die einzigen Gäste, und unsere Zimmer wurden wahrscheinlich in den Fünfzigerjahren eingerichtet. Dafür gibt es eine gute Pizzeria („die Deitschn hom alle scho zug'macht", sagt unsere Wirtin, als wir fragen, wo wir ein Abendessen bekommen) und das beste Eis der Tour.

Der vielleicht schönste Teil der gesamten Strecke beginnt am dritten Tag. Von Neustadt bis zur Grenze verläuft der fünfzig Kilometer lange Bockl-Radweg. Von 1886 an rollten Dampflokomotiven auf dieser Trasse. Nachdem 1995 der letzte Zug gefahren war, dauerte es zehn Jahre, bis der Radweg auf der ehemaligen Bahntrasse eröffnet wurde. Er führt vorbei an Vohenstrauß und Waidhaus bis Eslarn. Nach der Grenzgemeinde müssen wir noch einige Höhenmeter überwinden. Wieder sind es mehr als dreißig Grad, und wieder zieht das Gepäck nach hinten. Aber als wir bei Tillyschanz nahezu unbemerkt das Schild mit der Aufschrift „Landesgrenze" passieren, fühlt es sich kurz an, als hätten wir den Gipfel des Mount Everest erreicht.

Ich summe die tschechische Hymne und fühle mich ein bisschen zu Hause. Meinen Begleitern geht es offenbar anders. Sie fühlen sich plötzlich als Fremde, schauen mich unsicher an und wissen nicht, wie sie die tschechischen Wegweiser deuten sollen. Die Radwegschilder sind jetzt gelb mit schwarzen Pfeilen. Wer nicht daran gewöhnt ist, kann Kilometerangaben und Radwegnummern im schnellen Vorbeifahren schon mal verwechseln oder die Pfeile falsch interpretieren. Und der Weg von der Grenze bis zum Etappenziel Bělá nad Radbuzou ist tatsächlich anders – meine Mitfahrer sagen schlechter – als die Wege, die wir seit Nürnberg hinter uns haben. Richtig ist auf jeden Fall, dass wir auf den letzten zwanzig Kilometern deutlich langsamer vorwärtskommen als auf den ersten 55 des Tages. Es geht durch den Wald bergauf und bergab, über Schotter- und Waldwege, mal mit dicken Wurzeln, mal mit großen Ziegelsteinen. Immer müssen wir uns konzentrieren, auch bergab können wir es nicht einfach rollen lassen. Mein Vater meckert, mein Onkel motzt, meine Tante schnauft. Ich kann nicht mehr, lasse mir aber nichts anmerken. Wenigstens spendet der Wald ein bisschen Schatten. Und das Sudetenland zeigt sich von seiner faszinierendsten Seite. Wie so oft im Grenzgebiet kann man auch hier die „verschwundenen Ortschaften" sehen, oder eher erahnen. Hier ein Steinhaufen, da noch die Grundrisse eines Bauernhofes, alles bewachsen und verwildert, von den deutschen Bewohnern nach dem Krieg verlassen und von der Natur in den folgenden Jahrzehnten zurückerobert.

Als wir endlich unser Ziel erreichen, glaube ich kurz, eine Fata Morgana zu sehen. Die Brücke über den Fluss Radbuza sieht mit ihren Heiligenfiguren aus wie die Prager Karlsbrücke im Miniaturformat, mit ein bisschen Fantasie zumindest. Wenige Minuten später stehen wir vor der

Pension. Das Wirtshaus im Erdgeschoss könnte als Dorf-kneipe in einer tschechischen Komödie aus den Sechziger-jahren mitspielen. Die Schrägsten der knapp 2000 Einwoh-ner von Bělá nad Radbuzou haben offenbar geahnt, dass wir kommen und sich hier versammelt, um ein möglichst authentisches Bild abzugeben. Sie sitzen da und schauen ins Bierglas, trinken und bafeln. Ein paar blöde Kommen-tare fallen den Gästen – überwiegend Männer um die sech-zig – bei unserer Ankunft auch ein. Aber als ich der Wirtin auf Tschechisch sage, dass wir zwei Zimmer reserviert ha-ben und für meine Mitfahrer dreimal Bier bestelle, sind sie beeindruckt. „Woher kommt ihr?", fragt ein Gast mit Bier-bauch, der sich nicht mehr ganz gerade auf den Beinen halten kann. *Štamgast* steht auf seinem T-Shirt. „Wir kom-men aus Nürnberg und sind auf dem Weg nach Prag", sa-ge ich dem Stammgast, „mit dem Fahrrad." Das verschlägt ihm die Sprache, er bekreuzigt sich dreimal, bevor er un-gläubig meine Tante anschaut. „Und sie auch?", fragt er mich und deutet auf sie. Aber natürlich, übersetze ich ihre Antwort. Dass sie einen Motor hat, hätte sie meiner Mei-nung nach nicht unbedingt verraten müssen. Aber wo-her soll meine Tante die tschechische Kneipenkunst des Bafelns beherrschen und wissen, dass man hier durchaus ein bisschen flunkern darf? Das Gespräch dreht sich schnell um Fußball. Den Nürnberger „Club", die Bayern, Viktoria Pilsen. Irgendwann kommt zum Glück das Abendessen. Meine Mitfahrer sind begeistert von der böhmischen Kü-che, für mich hat mit der Grenzüberfahrt wieder die Zeit des panierten Käses begonnen. Auf die Runde Becherovka muss ich leider wegen des Antibiotikums verzichten.

Trotzdem schlafe ich wie ein Stein, nachdem ich mühevoll und unter großen Schmerzen meine beiden Beine in den ersten Stock hinaufgehoben habe. Wo letzte Woche noch Waden waren, habe ich jetzt Granitblöcke, die auch am nächsten Morgen noch da sind und die Treppe wieder hinuntergehievt werden wollen. Die korpulente Köchin stellt uns vor die Wahl: Spiegelei mit Speck oder Rührei mit Schinken? Ich entscheide mich für letzteres und versuche, mit der Gabel nur das Ei herauszustochern. Dazu gibt es *rohlíky*, diese Stangen aus Mehl und Wasser. Ach, bayerische Brotkultur – wie kann die Grenze, die nichts anderes mehr ist als eine Linie auf Karten, dazu führen, dass man sich von solchem Pappmaschee ernährt? Die Köchin reißt mich mit einem großen Tablett aus meinen Gedanken, das aus diesem Frühstück das beste unserer Tour, vielleicht sogar meines ganzen Prager Jahres macht. „Ich dachte, Sie möchten vielleicht meine selbstgebackenen Buchteln mit Mohn probieren." Ich hätte ein ganzes Blech von diesem Gedicht essen können. Unter normalen Umständen. Gerade heute rebelliert allerdings mein Magen. Vielleicht liegt es am Antibiotikum? Eine halbe Buchtel geht trotzdem, den Rest packe ich für die Rast am Nachmittag ein und renne (so gut es mit Granitblöcken zwischen Knöchel und Knie eben geht) nochmal nach oben auf die Toilette. Der schlimmste Tag der Reise, sagt mein Gefühl, steht uns heute bevor.

Rund achtzig Kilometer sind es bis Pilsen. Dass ich schon auf den ersten zehn am liebsten umkehren würde, kann ich natürlich nicht zugeben. Schließlich bin ich verantwortlich für diese Unternehmung, und meine Mitfahrer sind seit dem Grenzübergang so selbstständig wie Siebenjährige. Das einzige, was sie sich ab und zu ohne meine Hilfe trauen, ist, mit einem leisen *pivo* und einem angedeuteten Griff zum leeren Glas, vorsichtig ein Bier zu bestellen. Ich versuche also, sie zu motivieren: „Ohne all die Hügel wäre es doch langweilig", sage ich und meine: „Diese verfluchten Hügel sehen vom Bus aus doch so verdammt harmlos aus!"

Wir fahren – es kommt mir eher vor, als würden wir kriechen – an einem alten Schuppen mit der deutschen Aufschrift „Feuerlöschgeräte 1931" vorbei und an einem Kriegerdenkmal, das die Worte schmücken: „In treuem Gedenken den tapferen Helden 1914 – 1918". Die Landschaft hat die letzten hundert Jahre nicht vergessen. Die Menschen, die wir unterwegs treffen, denken zum Glück nicht an die Kriege des vergangenen Jahrhunderts, wenn sie hören, dass wir aus Deutschland kommen. Er habe eine Weile in Stuttgart gearbeitet, erzählt ein Wirt, der ein bisschen Deutsch kann. Wieder dreht sich das Gespräch schnell um Fußball, diesmal um tschechische Spieler, die in der Bundesliga noch ein wenig Geld verdienen, bevor sie ihre Karriere beenden. Nach der Pause bin ich nicht die einzige, die sich am Berg quält. Mein Vater schiebt, meine Tante schaltet ihren Motor eine Stufe höher. Wir fahren unter einer Autobahnbrücke durch, die laut Karte da nicht sein dürfte. Verdammt. Das ehemalige Benediktinerkloster in Kladruby hat uns wohl so fasziniert, dass wir die Abzweigung verpasst und den Berg vergebens erklommen haben.

Der Rest des Tages ist der Horror. Dicke, dunkle Wolken ziehen sich über uns zusammen. Ich habe schon in der Stadt große Angst vor Gewitter. Mitten in der Pampa, auf dem Fahrrad, ist die Vorstellung, dass es jederzeit losgehen kann, das pure Grauen – das mir zugleich Flügel verleiht. Hunger, Durst, die schweren Beine, alles ist vergessen; wenn ich vor einem Gewitter auf der Flucht bin, kann ich Bäume ausreißen. Leider steckt meine Panik meine Mitfahrer nicht an. Mein Vater macht eine Trinkpause nach der anderen und treibt mich damit in den Wahnsinn. Ich bin mir nicht sicher, ob ich Donner höre oder ein Flugzeug. Um uns so schnell wie möglich in Sicherheit zu bringen, beschließe ich, den Paneuropa-Radweg etwa zwanzig Kilometer vor Pilsen zu verlassen und eine Straße mit mehr Verkehr, aber weniger Berg- und Talfahrt zu nehmen. Ich rase den anderen davon und warte erst, als ich den Stadtrand erreiche. Die Aussicht, notfalls irgendwo klingeln zu können und Schutz zu suchen, beruhigt mich. Aber wir haben Glück. Das Wetter hält, bis wir das Hotel erreichen und zieht dann ohne größere Niederschläge vorbei. Es kühlt kein bisschen ab.

Am nächsten Morgen habe ich das Gefühl, dass wir es schaffen werden. Zwar schlagen mir die Tabletten immer noch auf den Magen, dafür sind die Beine nicht mehr ganz so steif. Und die Frau an der Rezeption hat gedacht, dass ich Tschechin bin. Ich fühle mich heimisch, Prag rückt näher, wie ein sanfter Sog, der mich zieht. Ich bin mir aber nicht sicher, ob er auch meine Mitfahrer erfasst hat. Mein Vater sieht jeden Tag ein bisschen älter aus. Mein Angebot, man könne auch mal ein Stück mit dem Zug zurücklegen, hat er aber empört abgelehnt. Dann muss er eben jetzt durch. Immerhin, Pilsen meint es gut mit uns. Die ersten Kilometer führen am Fluss entlang, ab und zu richtet ein Kleingärtner seinen Gartenschlauch auf uns – eine willkommene Erfrischung, bevor das „sanfte Hügelland" beginnt, wie es in der Wegbeschreibung hieß. Besonders sanft kommen mir die Hügel nicht vor, dafür entschädigt uns mehrfach ein traumhafter Ausblick auf Pilsen mit seinen Brauerei- und Kirchtürmen. Unzählige sanfte Hügel und etwa sechzig Kilometer später erreichen wir unser Hotel in Hořovice.

Ich habe Prag immer vermisst, wenn ich es in den vergangenen elf Monaten für ein paar Tage verlassen habe, aber selten so sehr wie in dieser Nacht in Hořovice. Im Hotelzimmer zeigt das Thermometer bestimmt über vierzig Grad. Es gibt zwei Fenster – nach Westen und Norden – und unter jedem führt eine wohl mindestens achtspurige Autobahn vorbei. So hört es sich zumindest an. Tatsächlich ist es eher die Hauptstraße im Ort, die hier einen Knick macht. Mein Vater schnarcht, und meine Sehnsucht nach Prag, nach meiner Wohnung, meinen Kollegen, der Moldau und meinem Fenster zum botanischen Garten ist plötzlich so groß, dass ich am liebsten mitten in der Nacht im Dunkeln schon aufbrechen würde. Nur schwer kann ich mich beherrschen, bleibe liegen und zähle Schäfchen, Fahrräder, Kilometer, Pommes, Buchteln, wieder Schäfchen, Tabletten, nochmal Kilometer. Rund siebzig trennen uns noch von Prag.

Am nächsten Morgen bin ich ganz hippelig, bekomme kaum die Cornflakes hinunter und dränge meine Mitfahrer, schnell aufzubrechen, bevor es wieder so heiß wird. Ich kann mich dem Sog jetzt nicht mehr entziehen und er wird mit jedem Kilometer auch ein wenig sichtbarer. Je näher wir der Hauptstadt kommen, desto breiter und besser werden die Straßen, desto schöner und gepflegter die Häuser und Gärten, an denen wir vorbeifahren, desto neuer und größer die Autos, die uns überholen. Als wir bei Zadní Třebaň den Fluss Berounka erreichen, ist der Rest fast ein Kinderspiel. Ein steiler Berg wirft uns nochmal zurück. Ich überlege kurz, ob ich absteige – es wäre das erste Mal auf der Tour. Dann beiße ich die Zähne zusammen und trete in die Pedale. Meine Tante schaltet hoch und zieht grinsend an mir vorbei. Danach verlassen wir ein letztes Mal den Paneuropa-Radweg. Wir queren die Moldau nicht in Prag-Zbraslav über die von Autos befahrene Brücke, sondern erst bei Modřany mit einer Fähre, die nur zwei bepackte Räder samt Radler auf einmal befördern kann und für uns vier eine Sonderschicht einlegt. Ich muss nicht mal ein Ticket lösen, weil hier meine Monatskarte für den Stadtverkehr schon gilt. Auf der anderen Seite fährt mein Rad von selbst weiter, immer wieder muss ich auf die anderen warten, die es offenbar gern gemütlicher angehen lassen würden. Aber ich kann nicht anders, bis ich endlich in der Ferne die Burg und den Veitsdom sehe – und gar nicht glauben kann, dass wir es tatsächlich alle vier geschafft haben.

September

Zemský ráj to na pohled

Als mein Handy klingelte, war ich mir sicher, dass sich wieder jemand nach seinen Dachgauben bei mir erkundigen wollte. Ich könnte das Telefon mit der deutschen SIM-Karte mittlerweile auch zu Hause lassen, auf der Nummer hat sowieso seit Monaten niemand mehr angerufen. Abgesehen von den Kunden eines Dachdeckers, der offenbar irgendwo in einem Telefonbuch oder auf einer Internetseite versehentlich meine Nummer als seine angegeben hat. Er heißt wohl Norbert und kann außer Dachgauben auch Oberlichter und Walmdächer – zumindest fragen danach die Leute, die mich ab und zu anrufen. Eine Zeitlang bin ich nicht mehr ans Telefon gegangen, wenn ich eine unbekannte deutsche Nummer gesehen habe. Aber manche haben es dann im Halbstundentakt den ganzen Tag probiert. Und ich war immer auch ein bisschen neugierig. Hätte ja sein können, dass es doch mal jemand ist, der tatsächlich mich sprechen will und nicht Norbert. Mit manchen habe ich auch schon mehrmals telefoniert. Nach dem dritten Anruf habe ich sie dann unter „Dachdecker lernt's nie" in mein Handy eingespeichert.

Und nun eine Münchner Nummer. Ich lasse noch ein paarmal läuten, bevor ich doch abhebe. „Hallo?!" Die Stimme am anderen Ende ist mir vertraut. Als ich sie zuletzt gehört habe, sagte sie mir, dass ich mich nicht entmutigen lassen sollte, dass es sicher keine Entscheidung gegen mich gewesen sei, mir die Stelle nicht zu geben. Gut, der Mann, dem die Stimme gehörte, hatte auch gesagt, dass er bei Gelegenheit wieder an mich denken würde. Aber ich hatte nicht damit gerechnet, dass er das ernst meinte. Ob ich noch Interesse hätte, wollte er jetzt wissen.

Darüber musste ich nachdenken. Das Jahr in Prag war bald zu Ende, mein Vertrag bei der Zeitung lief aus, und für meine Familie war es selbstverständlich, dass ich danach wieder „nach Hause", also wenigstens nach Deutschland, kommen würde. Aber ich wusste überhaupt nicht, was ich dort machen sollte. Und ich konnte mir nicht vorstellen, bald schon wieder meine Wärmflasche und meine Müslischale in den Wanderrucksack zu stopfen und zum Bahnhof zu schleppen, um heulend auf den Bus nach Nürnberg zu warten. Oder meinen Schreibtisch in der Redaktion leerzuräumen, ein letztes Mal auf dem Parukářka-Hügel zu sitzen und über die Dächer von Žižkov zu schauen, beim Doppelkopf zu verlieren, Vašek im Orchester verlegen anzulächeln, nachdem ich laut in eine Pause reingespielt habe. Andererseits, so eine Chance in Deutschland kommt sehr wahrscheinlich nie wieder, und bisher war ich – abgesehen von manchen Trotzaktionen – immer ein sehr rationaler Mensch. Jetzt habe ich knapp eine Woche Bedenkzeit und das Gefühl, mein ganzes weiteres Leben hängt von dieser Entscheidung ab, von der ich keine Ahnung habe, wie ich sie fällen soll.

Am ersten Tag wende ich die erfolgreich erprobte Prager Methode an. Ich verdränge das Problem komplett und stürze mich in die Arbeit, in der Hoffnung, dass sich dann alles in Wohlgefallen auflösen wird. Eine Geschichte, für die ich möglichst weit raus muss, kommt mir gerade recht. Mit der *metro* fahre ich in den Osten der Stadt, bis zur Station Kolbenova im neunten Bezirk, um eine Reportage über den angeblich größten Flohmarkt Europas (Vorsicht vor solchen Superlativen!) zu schreiben.

Eines jedenfalls stimmt tatsächlich: Es gibt wahrscheinlich nichts, was es hier nicht gibt. Gleich beim Eingang steht ein Kupferstich der Stadt Pforzheim an einem Stand zwischen Stahlhelmen der Tschechoslowakischen Armee. Daneben wird deutsches Markenklopapier angeboten und ein Kühlschrank von AEG. Ein Teller mit Hitler-Porträt und der Aufschrift „Ein Volk, ein Reich, ein Führer" liegt zwischen Wildschweinfellen und eingewecktem Obst. Mit den schönen Münchner Hofflohmärkten, denke ich ein wenig wehmütig, hat das hier nichts gemeinsam. Der Kolbenova-Markt kommt mir vor wie ein einziger großer Haufen Ramsch, die Ware so schmutzig, dass ich sie lieber nicht anfassen möchte. Am Himmel ziehen sich schon dunkle Wolken zusammen, wahrscheinlich kommt bald ein Gewitter. Plakate warnen vor Betrügern und Taschendieben. Ich halte meine Kamera mit der linken Hand fest. Mit der rechten krame ich in der Tasche nach Zettel und Stift. Ich überlege, wen ich ansprechen könnte – aber niemand sieht aus, als würde er mir gerne ein Interview geben und verraten, wo er die Ware her hat, die er hier anpreist. Das sei alles geklaut, wahrscheinlich in Deutschland, hat Ondřej behauptet. Ich frage mich, wo man in Deutschland kaputte Schaukelpferde und Hitlerteller mit Goldrand klauen kann. Dass jemand so etwas verkauft, kommt mir aber noch unwahrscheinlicher vor. Hätte ich solchen Krempel im Keller stehen, wäre ich froh, wenn Einbrecher ihn mitnehmen würden. Den Gedanken an die Vorbesitzer finde ich gruselig.

Aber mit solchen Bedenken bin ich auf dem Gelände wohl ziemlich allein.

Ich beobachte eine Besucherin mit Sonnenbrille in den Haaren und rot lackierten Fingernägeln, die keine Hemmungen hat, das ganze alte Zeug anzufassen. An einem Tisch mit Stoffresten bleibt sie stehen, greift nach etwas Weißem, das aussieht, als könnte ihre Oma damit den sonntäglichen Kaffeetisch decken. „How much?", fragt sie auf Englisch. „Hundert", antwortet der Verkäufer auf Deutsch. „Fifty?", hakt die Kundin nach. „Hundert", wiederholt der alte Mann. „Hundert, no Schrott, nix kaputt. Hundert."

Am Stand nebenan gibt es ein Waffeleisen und Telefone mit Wählscheiben, dazu Bücher und Radios. Aus einem davon singt Miley Cyrus aus voller Kehle „I came in like a rainbow". Die Stimme des Verkäufers durchdringt die Popmusik kaum. „Sie ist sehr dekorativ, wunderbar gearbeitet, Erste Republik", sagt er zu einem Kunden, der kritisch eine Mohnmühle begutachtet. Genau so eine hatte meine Oma. Ich weiß nicht, ob sie die irgendwann nach dem Krieg gekauft hat oder vielleicht auch schon in der Ersten Tschechoslowakischen Republik und dann bei der Vertreibung mit nach Deutschland geschmuggelt hat.

Beim Gedanken an die Mohnmühle, die bei meinen Eltern im Keller liegen müsste, muss ich nach meinem Ring tasten. Wie kann es sein, dass ich schon fast ein Jahr in Tschechien bin, und es nicht geschafft habe, in den Geburtsort meiner Oma zu fahren? Die Gegenwart war mir die ganze Zeit wichtiger als die Vergangenheit. Aber das heißt ja nicht, dass mir die Geschichte meiner Großeltern egal ist, versuche ich mein Gewissen zu beruhigen. Allerdings weiß ich mittlerweile überhaupt nicht mehr, was ich in Vroutek soll oder will. Vor ein paar Monaten habe ich ein paar Gemeinden in der Gegend angeschrieben und gefragt, ob man ihre Archive besuchen darf. Von keiner habe ich eine Antwort bekommen und mich langsam von der Vorstellung verabschiedet, dass ich dort einen Hinweis darauf finde, was meine Vorfahren von Hitler hielten. Das hätten sie mir nur selbst erzählen können, wenn ich sie rechtzeitig gefragt hätte. Stattdessen habe ich mich lieber an der kindgerechten „langen Geschichte" festgehalten. Und vielleicht auch ein paar Indizien übersehen.

Meine Oma hatte mir auch immer wieder die Zeit geschildert, die sie mit ihren Eltern und Geschwistern in Österreich verbracht hatte. Mein Vater erwähnte sehr viel später einmal, dass sie aus Österreich dafür ein paar Mark Rente bezogen hatte. Ist die Familie aus der Tschechoslowakei nach Österreich ausgewandert und womöglich erst 1938, nachdem Hitler das Sudetenland „heim ins Reich" geholt hatte, zurückgekehrt? Zeitlich würde es passen – meine Oma wäre dann gerade 21 gewesen. Und hatte mein Vater nicht auch irgendwann mal erwähnt, dass ihr Ariernachweis ihr sehr wichtig gewesen sei? Und trug mein Opa auf dem Hochzeitsfoto nicht eine Wehrmachtsuniform? Vielleicht bin ich nur deshalb noch nicht nach Vroutek gefahren, weil ich auch ein wenig Angst vor der Gewissheit habe, dass meine Vorfahren die Nazis als Befreier der Sudetendeutschen gefeiert haben. Andererseits: Selbst wenn es so wäre – meine Oma war Ende zwanzig, als der Krieg vorbei war – so alt wie ich heute bin. Habe ich das Recht, ihr Vorwürfe zu machen? Kann ich denn ihr Verhältnis zu den Tschechen beurteilen, wenn sie den Krieg miterlebt hat und ich schon beleidigt bin, wenn man mir irgendwo keine

Pommes ohne Fleisch verkaufen möchte? Ich werde noch nach Vroutek fahren, nehme ich mir vor, aber vielleicht erst im nächsten Sommer, wenn dort wieder das große Musikfestival Rock for Churchill stattfindet. Das gibt es seit 2000. Gegründet wurde es als Benefizveranstaltung für die Renovierung der Kirche des Heiligen Jakobus des Älteren. Genau die Kirche, die meine Oma in der langen Geschichte immer besucht hat.

Die Mohnmühle am Stand ist inzwischen verkauft. „Geben Sie ihr einen Ehrenplatz", ruft der Rentner an der Kasse dem neuen Besitzer noch nach. Sie sei im Jahr 1925 hergestellt worden, sagt mir der Verkäufer ein wenig stolz, ein wenig wehmütig. Dann reicht er mir ein Buch über den Verkaufstisch. „Robinson Crusoe" auf Deutsch, erschienen in Leipzig vor sehr langer Zeit – eine genaue Jahreszahl fehlt. „Wir haben es bei meiner Oma auf dem Dachboden gefunden, als sie vor zwanzig Jahren gestorben ist. Sie konnte nämlich noch Deutsch. Aber das wussten wir lange gar nicht." Ich nehme das Buch in die Hand, schaue mir die bunten Abbildungen an und stelle mir vor, wie meine Oma und seine Oma gemeinsam darin blätterten. Ich würde es gerne kaufen. Aber wozu? Aus reiner Sentimentalität, damit es dann irgendwo rumliegt und verstaubt und beim nächsten Umzug Platz wegnimmt? Und wenn doch das Herz des Verkäufers daran hängt, ist es wohl besser, ihm das Stück zu lassen.

Am zweiten Tag versuche ich, eine rationale Entscheidung zu treffen. Ich höre auf den Rat eines Freundes und lege eine Pro-Contra-Liste an. „Mehr Geld" und „Berge" schreibe ich auf die Münchner Seite, „niedrigere Mieten" und „ich kann mein Tschechisch weiter verbessern" auf die

Prager. Nach einer Weile Grübeln fällt mir noch „Karriere-chancen" für München ein, zu Prag schreibe ich dafür „familiäre Arbeitsatmosphäre". „Butterbrezeln" auf die eine Seite, „Buchteln mit Mohn" auf die andere. Dann lege ich den Zettel weg und gehe nach draußen, ich brauche frische Luft.

An der Moldau spaziere ich langsam in Richtung In-nenstadt. Mein Blick klebt an der Burg. „*Ahoj,* wo willst du denn hin?", holt mich jemand aus meinen Gedanken. Vor mir steht Anna, eine deutsche Theologiestudentin, die ein Erasmus-Semester in Prag absolviert. Sonst mache ich ge-wöhnlich einen großen Bogen um Erasmus-Studenten, aber Anna ist anders. Sie sei noch auf keiner einzigen Erasmus-Party gewesen, gestand sie mir neulich. Das machte sie sympathisch. Außerdem sprach sie im Gegensatz zu vielen anderen Erasmus-Studenten Tschechisch und interessierte sich als Theologin für die Hussiten, zu denen auch ich mich irgendwie hingezogen fühle. Nicht nur wegen Žižka und dem „ausgeschossenen Auge". Überzeugt hat mich auch Petr, Pfarrer einer hussitischen Gemeinde im Stadtteil Nusle. Auf der Suche nach einer Orgel, an der ich ab und zu üben kann, habe ich ihn angeschrieben, und ohne mich zu ken-nen hat er mir seine Kirche aufgesperrt und mich zwei Stunden ganz allein dort spielen lassen. In der Kirche gab es zwei Katzen, die sich ab und zu von mir streicheln ließen, und als ich gerade wieder gehen wollte, betrat der Pfarrer die Kirche mit seiner wenige Monate alten Tochter auf dem Arm, die immer dann zu schreien anfing, wenn ich auf-hörte zu spielen. Ich könne jederzeit wieder üben, sagte Petr und lud mich, eine Fremde, sogar zur Taufe seiner Tochter ein.

Eine Einladung bekomme ich nun auch von Anna, und zwar zum Picknick auf dem Letná-Hügel. Dort warten schon Freundinnen von ihr – zwei Theologinnen und eine Hebamme. Sie sitzen genau dort, wo vor ein paar Jahrzehnten die größte Stalin-Statue der Welt stand. Sie war aus Granit, ragte samt Podest dreißig Meter in die Höhe und blickte von dem Hügel über die Stadt. Ein Bauwerk für die Ewigkeit. Aber sie blieb nicht lange. Nachdem das Denkmal am 1. Mai 1955 eingeweiht worden war, begann in der Sowjetunion mit Nikita Chruschtschows berühmter Rede schon bald darauf die Entstalinisierung, die schließlich auch die Tschechoslowakei erfasste. 1962 wurde das Denkmal gesprengt – möglichst diskret und respektvoll sollte der Koloss aus Beton und Granit damals angeblich verschwinden, am besten ohne dass es jemand merkt. Dokumentiert wurde die Sprengung nur heimlich, im Gedächtnis ist sie den Zeitzeugen dennoch geblieben. Und auch im Stadtbild ist das Denkmal mit seiner Geschichte noch immer verankert. Ein Teil des Sockels und die Fundamente sind bis heute erhalten. Links und rechts führt je eine breite Treppe auf das Plateau, auf dem mittlerweile ein großes Metronom aufgestellt wurde. Ein Kunstwerk, das den Lauf der Zeit verkörpert. Es steht jedoch – wahrscheinlich aus technischen Gründen – meistens still. Dafür bewegt sich drum herum umso mehr. Die große ebene Fläche gehört den Prager Skatern, der angrenzende Park den Spaziergängern und ihren Hunden und an diesem Abend auch uns. Annas Freunde sind ein bisschen melancholisch, weil sie Prag nach ein oder zwei Semestern demnächst verlassen werden. Auch wenn das Metronom stillsteht, meine ich in dieser Abschiedsrunde, dass ich es ticken hören kann.

Es ist wohl das Beste, langsam meine Lebensmittelvorräte aufzubrauchen und mich von Dingen zu trennen, die bei einem Umzug nur Platz wegnehmen, denke ich am nächsten Morgen beim Aufwachen. Die Matratze könnte ich problemlos zurücklassen. Schon jetzt habe ich das Gefühl, dass sie in der Mitte ein wenig durchgelegen ist, und versuche beim Einschlafen und Aufwachen, mein Gewicht eher seitlich zu platzieren. In den Schränken hat sich doch einiges angesammelt. Ich werde wohl zwei, drei Mal mit dem Bus fahren müssen, bis ich alles per Rucksack und Rollkoffer wieder in Deutschland habe. Es wäre vernünftig zu gehen.

Am Abend meldet sich Vašek. Er hat Karten fürs Nationaltheater, das Haus mit dem goldenen Dach am Moldauufer, das sich die tschechische Nation selbst errichtet hat, wie die Inschrift *Národ sobě* verrät. Es läuft ein Klassiker, „Die verkaufte Braut" von Bedřich Smetana in einer traditionellen Inszenierung – eher langweilig, aber immerhin hatte ich diesmal Zeit zu duschen und ein Kleid anzuziehen, dazu Stiefel und eine kleine schwarze Handtasche. Vašek hat nichts auszusetzen, und als er mich nach der Oper fragt, ob wir noch etwas trinken wollen, zögere ich nur kurz. Wir sitzen nicht weit vom Altstädter Ring und der Teynkirche entfernt in einem Café, das nur wenige Touristen finden, und reden über Gott und die Welt. Gehen oder bleiben, frage ich ihn irgendwann und er schaut mich mit seinen schönen großen Augen an, dann zieht er an seiner Zigarette, blickt eine Weile in die Ferne und sagt nach einer gefühlten Ewigkeit, einfach so aus dem Nichts: „Ich finde, du solltest bleiben. Vielleicht nicht für immer. Aber zumindest noch ein bisschen."

Bevor ich nach Hause gehe, mache ich noch einen großen Umweg auf die andere Seite der Moldau. Es ist spät und es ist ungemütlich, leichter Nieselregen mit Wind. Aber heute will ich unbedingt mal wieder über die Karlsbrücke laufen. Vielleicht waren zwei Gläser Wein schon zu viel; vielleicht liegt es aber auch an der sentimentalen Melancholie, die mich packt, dass ich in meiner Jackentasche nach einem Kugelschreiber und der Theaterkarte suche. „Kein Mensch", schreibe ich im Dunkeln ohne Unterlage in Krickelkrakelschrift auf die Theaterkarte, auf der es gar keinen Platz zum Schreiben gibt. „Braucht noch ein Gedicht über die Karlsbrücke", notiere ich darunter und starre eine Weile auf das Wasser, das sich auf den Weg in Richtung Elbe macht, in Richtung Hamburg, bis zum Meer. „Prag / Die Goldene", schreibe ich dann auf meine Karte. „Aber ich / was brauche ich eigentlich? / Die Lichter / Das Wasser / im Dunkeln / Die Stadt / die schlafende. / Stille."

Die Hiobsbotschaft kommt am vierten Tag. Keine Chance, sagt meine Vermieterin. Ihr Antrag sei abgelehnt worden, sie dürfe mir das Zimmer nicht weiter untervermieten. Seit einer Weile musste ich damit rechnen, dass das passieren wird. Es ging schon vor ein paar Monaten los mit der Aufregung in unserem Haus. Ich war nachts nach Hause gekommen, als ich den ersten Zettel im Briefkasten fand: Der zweite Stadtbezirk habe beschlossen, aus dem Mehrfamilienhaus ein Kinder- und Seniorenzentrum zu machen. Dazu müsse das Haus umgebaut werden, alle Bewohner müssten raus, stand auf dem Zettel. Ich fand das schade, aber immerhin, dachte ich, will kein dubioser Investor hier Luxuswohnungen einrichten. Meine Nachbarn waren viel weniger gelassen als ich. Erstens lebten die meisten schon sehr lange hier, hatten in ihre Wohnungen investiert und wollten auf keinen Fall ausziehen. Zweitens waren sie misstrauisch. Das angebliche Sozialprojekt mit Kinderkrippe und Seniorenzentrum sei nur ein Vorwand, meinten sie. Dahinter stecke doch ein Investor oder ein Stadtrat, der sich bereichern wolle. Was genau da geplant sei, wüssten sie auch nicht. Aber alle waren sich sicher, dass es nicht ganz sauber sei. Sie einte ein grundlegendes Misstrauen gegenüber Behörden und Politikern und die Überzeugung, dass man ihnen gewiss etwas Schlechtes wolle. Die Ersatzwohnungen, die der Stadtbezirk ihnen anbot, sahen zwar gut aus, sagten mehrere Nachbarn, aber da gebe es bestimmt einen Haken. Ich sah das nicht alles so schwarz, fühlte mich aber nicht kompetent genug, einen Beitrag zur Diskussion zu leisten, auch nicht, als eines Abends eine große Versammlung aller Mieter im Innenhof einberufen wurde. Manche hatte ich schon oft im Treppenhaus gegrüßt, andere noch nie gesehen, nicht einmal beim gemütlichen Beisammensein kurz vor Weihnachten. Bei dem Treffen waren sie sich jedenfalls schnell einig, dass sie zusammenhalten wollten. Es war beeindruckend, wie schnell und fest ein gemeinsamer Feind Menschen zusammenschweißt, die außer ihre Adresse offenbar nichts verbindet. Man wolle mit Anwälten und der Presse drohen, wurde beschlossen. Bei den anschließenden Gesprächen mit Vertretern des Stadtbezirks war ich nicht dabei, dafür haben meine Vermieter sehr engagiert dafür gekämpft, dass niemand ausziehen muss. Sie haben es auch geschafft. Aber die Quittung bekommen sie jetzt: Sie dürfen kein Zimmer mehr untervermieten, sagen die Behörden. Einen Grund nennen sie nicht. Müssen sie auch nicht.

Für mich heißt das, dass ich gerade jetzt aus der Wohnung raus muss, wo ich überlege zu bleiben. Ob das ein Zeichen ist? Vielleicht sollte ich nach Deutschland gehen und endlich ein normales Leben führen, ein geordnetes, solides. Eigene Möbel besitzen. Ein Auto. Und ein eigenes Topfset. Keine langen Abende mehr in verrauchten Kneipen verbringen, keine Fahrten mehr mit der Nachttram unternehmen, auch nicht mit der ersten Tagtram nach Hause fahren. Kein Briefmarkenshopping auf dem Heimweg in den Morgenstunden. Keine Sonntage mehr komplett verschlafen. Keinen panierten Käse mit Pommes aus der Fritteuse mehr essen. Mein neues Leben im Münchner Umland male ich mir ungefähr so aus: Ich stehe täglich um sieben auf und jogge eine Runde um irgendeinen See, der bestimmt in der Nähe meiner Wohnung liegt. Zum Frühstück gibt es Milch von glücklichen Kühen. In der Mittagspause esse ich belegtes Vollkornbrot mit Käse von der Alm und Radieschen aus dem Garten. Dazu vielleicht ein bisschen Kresse. Nach Feierabend sitze ich am Ufer des Sees und lese ein gutes Buch. Oder ich liege in meiner Hängematte unterm Apfelbaum. Am Wochenende fahre ich in die Berge oder radle an der Isar bis zur Quelle. Oder zur Mündung. Und der Himmel ist immer blau. *Zemský ráj to na pohled.*

Am Abend vor dem Anruf habe ich noch immer keine Entscheidung getroffen, trotzdem habe ich keine Lust mehr zu grübeln. Außerdem bin ich mit einem Kollegen verabredet. Halb acht, hat er gesagt, aber ich weiß, dass er nicht um halb acht da sein wird. Er hat viele liebenswerte Eigenschaften. Pünktlichkeit gehört nicht dazu. Er bringt mich regelmäßig auf die Palme, wenn wir uns um achtzehn

Uhr treffen wollen, er dann aber erst um zwanzig Uhr aufkreuzt – bestenfalls noch am selben Tag, manchmal aber auch erst am nächsten. Und wenn er mir zehn Minuten vor Redaktionsschluss offenbart, dass noch ein Artikel geschrieben werden muss. Er kann pedantisch sein, vielleicht noch pedantischer als ich. Aber er kann auch gut zuhören und merkt, wenn ich was auf dem Herzen habe. Wenn ich ganz ehrlich bin, dann muss ich ihn wohl auch auf die Pro-Seite meiner Liste schreiben. Aber das sage ich ihm natürlich nicht, wenn ich ihm gleich von meinem Dilemma erzähle.

Wir treffen uns ausnahmsweise nicht in Žižkov, sondern in der Altstadt. Ich beginne den Abend mit einem halben eingelegten *hermelín* und Rosé, er mit Gin Tonic und Espresso. Ich nippe an meinem Wein, er steigt auf Bier um und wir fragen uns, was uns in Prag eigentlich hält. Die Antwort ist noch nicht gefunden, als der Kellner die Stühle auf die Tische stellt und uns bittet, an der Theke zu zahlen. „Eines trinken wir jetzt schon noch", sagt mein Kollege, als wir draußen auf der Straße stehen. Der Wein wirkt – ich widerspreche nicht. Wir laufen durch die engen Gassen der Altstadt, die für mich nach einem großen Glas Wein schon ein einziges Labyrinth sind. Die erste Kneipe, in der wir es versuchen, schließt gerade, es muss schon einiges nach Mitternacht sein, aber ich schaue nicht auf die Uhr. In der zweiten kann man die Luft schneiden. Aber wir dürfen rein und was bestellen. Mein Kollege bleibt beim Bier, ich nehme einen Becherovka. Jetzt überlegen wir, wie wir mehr Leser gewinnen könnten, warum sich so wenig Menschen für Tschechien interessieren und ob man dreißig, vierzig, fünfzig Jahre, ein ganzes Leben vielleicht, mit einem Mann beziehungsweise einer Frau verbringen kann. Wieder sind nicht alle Fragen ausreichend beantwortet, als um uns herum Stühle auf Tische gestellt werden. Ich habe weder Orientierungssinn noch Zeitgefühl, also folge ich widerstandslos, als er vorschlägt „eins noch" zu trinken. Wir landen in einem Club in der Nationalstraße. Da mein Magen schon rebelliert, steige ich auf Wasser um. Lieder, die früher in der Dorfdisco gespielt wurden, laufen hier mit tschechischem Text. Wir singen den englischen mit. Irgendwann ist es halb fünf und wir beschließen zu gehen. Setzen uns aber zwei Tische weiter doch noch einmal zu einem allerletzten Getränk. Jetzt sind wir wieder bei der Frage, was uns hier hält, angelangt. „Ich weiß es auch nicht", sagt er, „aber ich bin hier einfach zu Hause." Und außerdem sei das tschechische Bier nun mal das beste. Er schaut erst mich, dann sein Glas erwartungsvoll an. „Ein Jahr in Prag – und du hast immer noch nicht probiert?" Ich schüttle den Kopf, er schiebt mir sein Glas zu. „Das wäre doch ein Happy End!?"

Nachwort
Und nun?

Ich war in schmutzigen Kneipen, ja. Aber ich habe es nicht geschafft, zur Biertrinkerin zu werden. Ich habe mein Vegetarier-Dasein nicht der tschechischen Küche zuliebe überwunden. Ich lasse mir von Männern die Tür aufhalten, aber wenn gerade keine Tschechen in der Nähe sind, lasse ich noch immer lieber meinen Begleitern, auch den männlichen, den Vortritt. Wenn es schwere Sachen zu tragen gibt, packe ich mit an (sofern keine Tschechen da sind, die das verhindern). Ich habe mich mit ein paar Pragern angefreundet. Aber ich habe in diesem Jahr etwa genauso viele deutsche Freunde in Prag gefunden wie tschechische. Nicht weil ich sie gesucht habe, sondern weil sie mir über den Weg gelaufen sind, mir sympathisch waren und ähnliche Sorgen und Interessen hatten. Und wenn wir uns getroffen haben, in der Redaktion, zu Hause oder in der Kneipe, dann haben wir fast immer ausschließlich in unserer Muttersprache miteinander gesprochen. Ich schaue gerne tschechische Filme im Kino an. In der Redaktion lese ich tschechische Nachrichten. Wenn ich zu Hause wissen will, was in der Welt passiert, schaue ich aber „Tagesschau" oder „heute" in der Mediathek und lese, was deutsche Zeitungen online schreiben. Ich gehe lieber in Deutschland zum Arzt als hier und lasse mir Brot von deutschen Bäckern mitbringen, wenn mich jemand besucht. Ich habe so viel Medovník gegessen, dass mir allein vom Geruch schlecht wird. Ich bin nicht mehr so pünktlich wie früher. Aber ich bin noch immer „die Verkörperung der protestantischen Arbeitsmoral", wie eine Kollegin neulich gesagt hat. Obwohl ich katholisch bin. Und obwohl ich jetzt auch mal unter der Woche abends mit Freunden einen Wein trinke und am nächsten Tag später in die Redaktion komme. Dafür bleibe ich dann aber auch länger. Heißt das nun, dass ich ein bisschen tschechisch geworden bin? Wenn ich mein Heimatdorf in Deutschland besuche, gehöre ich dort nicht mehr so richtig dazu. Aber gehöre ich hier irgendwo dazu? Oder lebe ich im Niemandsland irgendwo dazwischen?

Ich glaube, ich habe wirklich ernsthaft versucht, mich zu integrieren. Eine Zeit lang zumindest. Dann kamen die Flüchtlinge. Sie kamen nach Deutschland, nicht nach Tschechien. In Deutschland wurden sie willkommen geheißen, die Bilder aus München gingen um die Welt. Und plötzlich war ich – zum ersten Mal in meinem Leben – ein bisschen stolz, oder vielleicht eher froh, aus Deutschland zu kommen. In Tschechien schürten zur selben Zeit Politiker (fast aller Parteien) und viele Medien Angst und Hass. Der Präsident verkündete wilde Verschwörungstheorien, die „einfachen Leute", die ich interviewte, glaubten daran und wollten von mir wissen, wie schlimm es jetzt in Deutschland sei „mit diesen ganzen Flüchtlingen". Man müsse doch zunächst das eigene Volk schützen, erst dann kämen die anderen, sagte mir eine Bürgermeisterin einer kleinen Grenzgemeinde, die ich bis zu diesem Satz für ganz vernünftig, deutschlandfreundlich und pro-europäisch gehalten hatte. Das seien keine Menschen wie wir, die könne man nicht zivilisieren, behauptete ein älterer Herr, den ich bis dahin als ausgesprochen hilfsbereit erlebt hatte. In Meinungsumfragen sprachen sich mal dreißig, mal fünfzig, mal sechzig Prozent dagegen aus, Flüchtlinge aufzunehmen. Selbst wenn sie aus Kriegsgebieten kamen, wollte die Mehrheit sie nicht haben. Die Regierung, an der auch Christ(!)- und Sozial(!)demokraten beteiligt waren, setzte auf Abschreckung. Obwohl ja sowieso niemand nach Tschechien wollte. Nur einzelne Minister wiesen darauf hin, dass Tschechien in Sachen Arbeitsmarkt und Wirtschaftswachstum so gut dastehe wie kaum ein anderes EU-Land und dass es sehr wohl möglich wäre, ein paar Tausend aufzunehmen. Wenn ein paar Hundert Menschen für Toleranz und Solidarität demonstrierten, standen ihnen mindestens doppelt so viele, oft aber noch deutlich mehr gegenüber, die „gegen Flüchtlinge und gegen den Islam" auf die Straße gingen. Auch der Präsident ist an der Seite solcher Hetzer aufgetreten. Vermummte haben ein linkes Kulturzentrum angezündet, das nur ein paar Schritte von der Redaktion entfernt Spenden für Flüchtlinge sammelte und Sprachkurse für Ausländer anbot. Lokalpolitiker warfen den „linken Aktivisten" vor, islamistische Terroristen zu unterstützen. Ich habe einen sehr engagierten Pfarrer kennengelernt, der gegen die rechten Hetzer auf die Straße ging – und dabei immer wieder von der Polizei festgenommen wurde. Bei Demonstrationen standen sich Linke und Rechte gegenüber. Die Mitte der Gesellschaft blieb zu Hause. Fast täglich machten mich fremdenfeindliche bis rassistische Aussagen von Bekannten und Politikern traurig, hilflos und wütend. Und sie ließen mich daran zweifeln, ob ich in diesem Land richtig war. Andererseits: Wenn ich deswegen nun ginge, hätten die Hetzer dann nicht gewonnen?

Danke!

Danke an alle, die sich in diesem Buch wiedererkennen. Ich hoffe, ihr seid mir nicht böse. Ich habe nichts erfunden, aber manches zum Schutz eurer und meiner Person ein wenig verschoben und die meisten Namen geändert. Manches ist vielleicht auch ein klein wenig übertrieben. Danke an alle, die Prag zu meinem Zuhause gemacht haben, die mir gezeigt haben, wie schön die Stadt und die Nacht sind, die mir den Schlaf geraubt, mich getröstet, mich zum Lachen und Weinen gebracht und mich fast immer verstanden haben. Danke fürs Lesen, Zuhören, Ermutigen und vor allem fürs Kritisieren an Markus Fischer, Frances Jackson, Almut Klose, Franziska Neudert, Wolfgang Sandner und ganz besonders an Marcus Hundt. Danke für alles an Hanne und Ernst.

Auswandern hautnah

ISBN 978-3-451-06882-9

Kerstin Zilm entdeckt Kaliforniens Küste und Wüste,
San Francisco, Los Angeles und die Nationalparks.
Sie lernt Promis kennen, schwärmt beim Anblick von
Delfinen im Sonnenuntergang und schläft auf einem
Campingplatz mit direktem Kontakt zu Außerirdischen.
Ein wunderbarer Trip – und eine großartige Einladung,
sofort aufzubrechen.